QUERVERLAG

JOHANNES KRAM

ICH HAB JA NICHTS GEGEN SCHWULE, ABER ...

DIE SCHRECKLICH NETTE HOMOPHOBIE IN DER MITTE DER GESELLSCHAFT

© Querverlag GmbH, Berlin 2018

Erste Auflage März 2018
Zweite Auflage Juni 2021
Dritte Auflage Februar 2023

Alle Rechte vorbehalten. Kein Teil des Werkes darf in irgendeiner Form (durch Fotokopie, Mikrofilm oder ein anderes Verfahren) ohne schriftliche Genehmigung des Verlages reproduziert oder unter Verwendung elektronischer Systeme verarbeitet, vervielfältigt oder verbreitet werden.

Umschlag und grafische Realisierung von Sergio Vitale.

Druck und Weiterverarbeitung: Finidr
ISBN 978-3-89656-260-9
Printed in the Czech Republic

Bitte fordern Sie unser Gesamtverzeichnis an:
Querverlag GmbH, Akazienstraße 25, D-10823 Berlin
http://www.querverlag.de

VORWORT
ZUR ZWEITEN AUFLAGE

„Aber es wird doch besser", höre ich oft, wenn ich mit diesem Buch unterwegs bin. Und es stimmt: Es gibt viele Anzeichen dafür, dass – besonders in der jungen Generation unserer Gesellschaft – die Sensibilität für Homophobie, Transphobie und Queerfeindlichkeit steigt.

Trotzdem würde ich dieses Buch heute, drei Jahre später, fast genauso schreiben. Die Ressentiments gegen queere Menschen in Deutschland sitzen immer noch tief und der Widerwille, sich mit ihnen zu beschäftigen, ebenso. Wer sich für die Verbesserung der Lebenssituation queerer Menschen und gegen deren Diskriminierung einsetzt, wird zudem vermehrt nicht nur von rechter, sondern auch von linker Seite vorgehalten, „Identitätspolitik" zu betreiben, die die Gesellschaft spalte. Wer darauf hinweist, dass Homophobie und Queerfeindlichkeit keine Meinungen sind, setzt sich dem Vorwurf aus, „cancel culture" zu betreiben. Dabei ist Cancel Culture fast immer ein schäbiges Argument, weil es meist genau das versucht, was es dem Gegenüber vorwirft: den anderen aus der Debatte zu schmeißen, also eine Perspektive zu verhindern.

Fast jeder behauptet, gegen die Diskriminierung queerer Menschen zu sein. Doch ein großer Teil der Gesellschaft – und das gilt eben auch für ihre Mitte – ist der Meinung, dass Diskriminierung verschwindet, ohne dass sich dafür die Gesellschaft ändern muss. Doch damit sich etwas ändert. muss sich *jeder* ändern. Auch Sie, die dieses Buch gerade in den Händen halten, sollten sich fragen: Was kann ich tun? Wo kann, wo sollte ich etwas ändern?

Die wahren Opfer einer Cancel Culture sind nicht die angeblich Gecancelten, sondern die, die sich dagegen wehren, ausgegrenzt und herabgesetzt werden. Die wahren Opfer einer Cancel Culture sind die, die ausgestoßen werden aus der sogenannten „Normalität". Die sich verstecken müssen in der Schule, im Job, in der Familie. Die immer auf der Hut sein müssen, die wichtige Aspekte der eigenen Identität immer wieder, ja, canceln müssen.

Denn auch wenn es viele nicht wahrhaben wollen: Ein Coming-out ist in Deutschland oft immer noch ein riesiges Problem, und das gilt nicht nur für junge Leute. Diskriminierung ist allgegenwärtig, sowohl offen als auch unterschwellig, und sie schafft großes Leid.

Die Mehrheitsgesellschaft will davon wenig wissen. Gleichzeitig reagiert sie mit einer Mischung aus Ignoranz und unterschwelliger Aggression auf Forderungen nach wirksamen Maßnahmen gegen Abwertung. Dabei sind die Folgen der Ausgrenzung immens: Eine Anfang Februar 2021 erschienene Studie des Deutschen Instituts für Wirtschaftsforschung (DIW) beschreibt, wie LGBTI im Vergleich zur Gesamtbevölkerung deutlich häufiger von psychischen und körperlichen Krankheiten betroffen sind. Allein der Anteil von Depressionen und Burn-out ist dreimal so hoch. vierzig Prozent der trans Menschen leiden unter Angststörungen. Miriam Fischer, eine der Leiterinnen der Studie, schreibt: „Der Weg zu gleichen Chancen auf ein gesundes Leben ist für LGBTQI*-Menschen steinig. Gesellschaftliche und institutionelle Diskriminierung gehen Hand in Hand mit einer deutlich höheren psychischen und körperlichen Belastung."

Ich frage Eltern oft: „Haben Sie Ihren Kindern jemals gesagt, dass es nicht nur völlig in Ordnung ist, dass sie LGBTI sind, sondern dass Sie sie eben deswegen genauso lieben und unterstützen?"

Meistens höre ich als Antwort, dass dies nicht nötig sei, die Kinder wüssten das auch so. Liebe Eltern, meist stimmt das so nicht. Untersuchungen belegen das. Viele junge Menschen auch aus liberalen, fürsorglichen Familien, die ihr Coming-out hinter sich haben, erzählen mir, wie schwer es ihnen fiel, zu Hause über ihre sexuelle Orientierung und Identität zu sprechen. Aus Angst, aus Scham, aus Unsicherheit. Selbst wenn sie geahnt hatten, dass es kein Problem geben würde: Ahnen ist eben nicht wissen. Sie waren sich nicht sicher. Nicht sicher genug für einen solchen Schritt. Ein Restzweifel genügt oft, das Coming-out nicht zu wagen, den richtigen Moment wieder und wieder zu verpassen. Denn – ganz subjektiv gesehen – es steht ja auch viel auf dem Spiel. Warum soll ich – erst recht in einer Lebensphase, in der die Gefühle Achterbahn fahren – meinen Halt riskieren? Das Bild zerstören, das meine Eltern von mir haben? Sie enttäuschen?

Mit wenigen Worten könnten Eltern Sicherheit schaffen. Doch warum passiert das so selten? Ist es ihre eigene Scham vor dem Thema Homosexualität, die sie davon abhält? Oder finden sie Homosexualität zwar in Ordnung, aber nicht beim eigenen Kind?

Warum bewegt sich immer noch so wenig für gleiche Chancen queerer Meschen? Und selbst wem queere Menschen egal sind: Reden wir dann mal doch alleine über den volkswirtschaftlichen Schaden der Homo- und Transphobie, der durch das Sich-Verstecken, Sich-Verbiegen, durch Angst und Krankheit entsteht! Nur ein Drittel aller queeren Menschen im Job ist geoutet. Wieso bemühen sich so wenige Verantwortliche nicht einmal in einer Zeit des Fachkräftemangels darum, ein möglichst diskriminierungsfreies Umfeld zu schaffen, das das eigene Unternehmen auch für queere Talente attraktiv macht?

Für meinen *Nollendorfblog* habe ich Ende 2019 recherchiert, wie sich der Stromkonzern E.ON mit falschen und irreführenden Angaben eine positive Bewertung im sogenannten „Dax 30 LGBT+ Diversity Index" sicherte. Dieser Index hatte die Aufgabe, die Queerfreundlichkeit großer Firmen aufzulisten. Die Kühnheit, mit der E.ON Antidiskriminierungsmaßnahmen vortäuschte, um in diesem Ranking gut dazustehen, war beachtlich. Aber noch beachtlicher war, dass nichts von dieser Kühnheit übrig war, um einen eigenen Plan für den tatsächlichen Schutz und die Förderung ihrer LGBTI-Mitarbeiter*innen auf den Weg zu bringen.

Ein schönes Beispiel dafür, wie sich wirtschaftliche und mediale Ignoranz in LGBTI-Fragen überlappen, was dazu führt, dass queerfeindliches Verhalten wie das von E.ON belohnt wird: Noch heute ist der manipulierte Diversity-Index – der im Übrigen nicht nur bei der Darstellung der Queerfreundlichkeit von E.ON falsch liegt – auf renommierten Nachrichtenseiten online, obwohl ihn die ausrichtende Agentur mittlerweile selbst öffentlich korrigiert hat. Ich hatte die Redaktionen dieser Seiten um Richtigstellung gebeten und um Verständnis dafür geworben, dass Pinkwashing nicht honoriert werden sollte und dass queere Arbeitssuchende mit einem manipulierten Diversitäts-Ranking nicht irregeführt werden sollten. Meist ohne Erfolg. „So homosexuellen-freundlich sind die Dax-Konzerne" behauptet etwa die *FAZ.de* immer noch und auf *Handelsblatt.de* heißt es: „Diese Dax-Konzerne sind besonders tolerant bei der geschlechtlichen Identität."

Anfang Februar 2021 startete im Magazin der *Süddeutschen Zeitung* die Initiative #actout, in der 185 Schauspieler*innen sich als schwul, lesbisch, bi, queer, nicht-binär und trans outeten. In einem Manifest forderten sie mehr Diversität in Film und Fernsehen und wiesen darauf hin, wie schwer es ihnen auch heute noch gemacht wird, „out" zu sein.

Ich halte #actout für einen historischen Schritt für die deutsche LGBTI-Bewegung und einen wichtigen Impuls für die ganze Gesellschaft. Es scheint wie ein Wunder, dass es gelungen ist, so viele unterschiedliche Menschen auf eine Aktion, ein Statement und einen Termin zu vereinen. Doch bei aller Anerkennung und allem Dank, vor allem aus Reihen der Community, fiel auf, wie viele Medien #actout so klein wie möglich gefahren haben und oft nur einen Agenturbericht verbreiteten. *Spiegel Online* hat das Thema erst sechs Tage später mit einem eigenen Text gewürdigt. In vielen Reaktionen unter den Artikeln zur Coming-out-Aktion, aber auch in den sozialen Medien zeigte sich, wie problematisch es heute in Deutschland immer noch ist, darüber zu sprechen, wie es ist, queer zu sein.

Der Befreiungsschlag der Schauspieler*innen provozierte und wurde als Anmaßung empfunden, als Übertreibung bezeichnet und als Wichtigmacherei abgetan. Als seien es nicht Homosexuelle und trans* Menschen, die sich gegen diskriminierende Strukturen der Mehrheitsgesellschaft wehren müssen, als wäre die Mehrheitsgesellschaft von Homosexuellen und trans* Menschen bedroht. Die diffuse Abwertung, die auch von bürgerlichen und linken Medien und Meinungsträgern genährt wird, halte ich mittlerweile für queere Menschen mindestens genauso gefährlich wie die offene Hetze rechter Parteien, da sie weit in die Gesellschaft hineinwirkt.

Vor allem fällt die Vehemenz auf, mit der eigentlich als seriös geltende Menschen bereit sind, ihre eigene Reputation aufs Spiel zu setzen und völligen Unsinn über die Situation queerer Menschen zu konstruieren, um deren Anspruch auf gleiche Chancen zu diskreditieren. Sandra Kegel, die Chefin des *FAZ*-Feuilletons, war sich etwa für ihre These, dass so etwas wie #actout doch gar nicht mehr notwendig sei, noch nicht einmal dafür zu schade, das Vorhandensein offen zugänglicher Statistiken des ZDF herbeizufantasieren, gemäß derer „queere Casts" in fiktiven Programmen des Senders sogar überproportional seien.

Viele Reaktionen auf #actout zeigen das Dilemma, wenn LGBTI in der Öffentlichkeit über ihre sexuelle Identität sprechen: Einerseits erwartet man von ihnen, dass sie diese nicht so sehr thematisieren sollen, weil die Heteros das ja angeblich auch nicht tun, obwohl sie das natürlich unbewusst andauernd tun, ohne sich dabei irgendwelche Gedanken machen zu müssen. Andererseits wird von queeren Menschen ständig erwartet, dass sie sich in eine angebliche Normalität einzufügen haben, die davon ausgeht, dass alle Menschen hetero sind. So gesehen können LGBTI es so oder so nicht richtig machen: Es ist falsch, wenn sie sich outen, und es ist falsch, wenn sie es nicht tun. Es kommt also zwangsläufig immer wieder zu Reibungen, auf die dann nicht-queere Menschen genervt reagieren, obwohl es ja ihre Erwartungshaltungen sind, die diese Reibungen notwendig machen. Hinzu kommt diese offensichtlich weit verbreitete Unsicherheit: Was darf man eigentlich noch aussprechen, ohne dass sich irgendeine Minderheit abgewertet fühlt? Auch wenn ich nicht der Meinung bin, dass es viel gibt viel, was man tatsächlich heute nicht mehr sagen kann, so verstehe ich diese Unsicherheit. Doch finde ich es wichtig, hier genauer hinzuschauen:

Wer denkt, sexistische, rassistische oder queerfeindliche Ressentiments reproduzieren zu dürfen, nur weil diese früher mal „gingen", der muss auch damit rechnen, dass ihm heftig widersprochen wird. Doch jeder darf Fehler machen und es ist selbstverständlich, dass wir alle immer wieder Fehler machen werden. Es geht nicht darum, ob man etwas nicht sagen darf, sondern darum, ob man bereit ist, Verantwortung für das zu übernehmen, was man sagt. Und dazu gehört eben auch die Bereitschaft, sich mit den Konsequenzen des Gesagten konfrontieren zu lassen. Es macht eben einen Unterschied, ob ich etwas Problematisches sage, ob ich Menschen abwerte, weil ich es nicht besser weiß, oder ob ich es nicht besser wissen will. Was ist so schwer daran, nachzufragen, mit „betroffenen" Menschen zu sprechen, einen Irrtum zuzugeben und vielleicht auch um Entschuldigung zu bitten?

In diesem Buch gibt es Formulierungen, die ich heute nicht mehr verwende. Eine davon ist „Transmenschen", denn mittlerweile habe ich gelernt, dass es angemessen ist, trans wie ein Adjektiv zu verwenden, also von „trans Menschen" zu sprechen: Es gibt ja auch keine „Schwulmenschen", sondern Menschen, die schwul sind. „Transmensch" reduziert, „trans Mensch" differenziert.

Auch gibt es ein ganzes Kapitel, das ich heute nicht mehr schreiben würde, weil sich der Grund hierfür erledigt hat. Es handelt sich um das Lied „Hasso (Mein Hund ist schwul)", das die Band *Die Prinzen* noch bis vor Kurzem gesungen hat. In dem Kapitel erkläre ich, was ich an dem Lied so schlimm finde und was es gerade für junge Menschen bedeutet, sich es anhören zu müssen.

Sebastian Krumbiegel, der Sänger der Band, hat sich nach meiner Kritik am Lied dazu entschieden, es nicht mehr zu singen. Gegenüber *queer.de* erklärte er zur Entstehung des Songs vor über zwanzig Jahren: „Damals gehörte das leider auch zum Zeitgeist. Man brachte das Publikum zum Lachen, indem man sich über andere Leute lustig machte, ohne groß darüber nachzudenken. Heute ist man da, Gott sei Dank, sensibler. Wer sich heute ernsthaft damit beschäftigt, dem wird klar, wie sehr so etwas als Abwertung empfunden werden kann."

Ich habe Sebastian Krumbiegel in diesem Buch heftig kritisiert und diese Kritik auch bei vielen Lesungen und Veranstaltungen wiederholt. Doch genauso heftig wie meine Kritik damals war, genauso heftig ist heute mein Respekt für seine Reaktion.

Auch um die Homophobie von Dieter Nuhr geht es in diesem Buch und auch von ihm gibt es eine Reaktion: Er hat mich aufgrund meiner Kritik als „irre" und „gestört" bezeichnet. Auf die vorgebrachten Argumente mochte er nicht eingehen, da jeder Homophobie-Vorwurf absurd sei. Er sei ja schließlich auch für die „Ehe für alle" gewesen.

Jeder darf heute fast alles sagen. Jeder sollte sein dürfen, wer er will. Und jeder kann entscheiden, ob er wie Dieter Nuhr oder wie Sebastian Krumbiegel sein möchte.

Berlin, Juni 2021

„I hate the word homophobia. It's not a phobia. You are not scared. You are an asshole." Ein Zitat, das leider *nicht* von Morgan Freeman stammt.

„Jeder von uns ist nett und auch ein Arschloch." Michael Haneke

ICH BIN HOMOPHOB

Ich bin homophob. Und – Verzeihung, wenn ich damit schon direkt am Anfang komme – Sie sind es sehr wahrscheinlich auch. Wenn Sie nicht auf dem Mond groß geworden sind, dann sind wir beide, sind Sie und ich, in Gesellschaften aufgewachsen, in denen Homosexualität als etwas Gleichwertiges nicht nur nicht gelebt, sondern praktisch auch nicht gedacht werden konnte.

Auch wenn wir nicht homophob sein wollen, steckt es doch tief in uns drin. Wir haben keine Erfahrung, keine Übung im Leben in einer nicht-homophoben Welt. Denn wir können unser kulturelles Grundverständnis, das uns tief geprägt hat, nicht einfach abschütteln. Gerade wenn wir es, also homophob, nicht sein wollen, sollten wir uns damit beschäftigen, wie sehr wir es sind. Wie sehr wir gar nicht anders konnten, als es zu werden.

Schon wenn wir davon sprechen, dass wir Homosexualität akzeptieren (die eigene oder die der anderen), ist das ein Hinweis auf die homophoben Denkstrukturen, derer wir uns nicht erwehren können. Würden wir auch von „Akzeptanz" sprechen, wenn wir unsere Haltung zur Heterosexualität (zur eigenen oder der eines anderen Menschen) ausdrücken? Akzeptanz kommt von „accipere": gutheißen, annehmen, billigen. Nur: etwas, das selbstverständlich, gleichberechtigt und gleichwertig ist, bedarf keines Gutheißens, keiner Annahme, keiner Billigung.

Man muss nicht hetero sein, um homophob zu sein. Reden wir zunächst über mich: Als junger schwuler Teenager in den 1980ern konnte, ja wollte ich mir nicht vorstellen, dass Homosexuelle einmal würden heiraten dürfen. Die Vorstellung hatte etwas Bedrohliches. Ich war mir ziemlich sicher, dass weder die Homosexuellen noch die Gesellschaft mit einer „Homo-Ehe" zurechtkämen. Ich dachte, die Ehe sei etwas, das mir, das uns Homosexuellen nicht zusteht. Und genau das ist Homophobie. Aber wie sollte ich das auch anders sehen? Woher hätten die Bilder von Gleichwertigkeit kommen sollen in einer Gesellschaft, in der noch die kleinste Erzählung, und sei es nur die 30-Sekunden-Geschichte der Fernsehwerbung, eine heteronormative Ordnung präsentiert?

Wie hätte ich es damals schaffen können, nicht homophob zu denken? Wo doch von all den Tausenden kleinen und großen bis dahin aufgeschnappten Geschichten von Begehren, Liebe und Zusammensein keine einzige dabei gewesen war, in der das eigene Begehren auch nur im entferntesten als ebenbürtig vorstellbar war? Wenn es für Homosexuelle schon so schwer, ja eigentlich unmöglich war, ohne tief sitzende homophobe Ressentiments sozialisiert zu werden: Wie sollte das bei heterosexuellen Menschen gelingen? Bedeutet das heute überall vernehmbare Bekenntnis, „nichts gegen Homosexuelle" zu haben, dass die, die so etwas sagen, sich wirklich mit der Frage beschäftigt haben, ob dem so ist? Oder doch eher, dass sie sich mit der Frage nicht beschäftigen, nicht beschäftigen möchten?

Die „Ehe für alle" bedeutet einen wichtigen Schritt im Kampf gegen die Diskriminierung Homosexueller in Deutschland. Die Abwertung von Lesben und Schwulen in unserer Gesellschaft ist dadurch noch lange nicht überwunden. In gewisser Hinsicht ist es für Homosexuelle sogar schwieriger geworden, auf Missstände, die es im

Alltag, in der Schule, bei der Diskriminierung im Beruf, im Gesundheitssystem und in Politik und Medien gibt, aufmerksam zu machen und diese zu überwinden. Denn es verbreitet sich in der Öffentlichkeit eine Stimmung, die auf die Frage hinausläuft: „Was wollt ihr denn noch? Ihr habt doch jetzt alles erreicht!"

Anlässe zur Sorge sind für Lesben und Schwule dabei nicht nur die allgegenwärtige Gewalt gegen Homosexuelle und das Erstarken der Populisten, die gegen Vielfalt und Selbstbestimmung Stimmung machen. Nicht nur die extremen Töne lassen aufhorchen.

Es klingt auf den ersten Blick absurd, aber: Trotz der wachsenden Zustimmung zur rechtlichen Gleichstellung verfestigt sich auch in der Mitte der Gesellschaft seit einigen Jahren eine „neue Homophobie". Auffällig ist, dass es sich um eine aufgeklärte Gesellschaftsschicht handelt, d.h. eine Gruppe, die sich selbst als tolerant verortet und in der es zum guten Ton gehört, „selbstverständlich kein Problem" mit Homosexuellen zu haben.

Diese Selbstwahrnehmung steht häufig nicht nur im Gegensatz zu tief sitzenden, nie aufgearbeiteten homosexuellenfeindlichen Reflexen. Das liberale, aufgeklärte Selbstbild macht eine konstruktive selbstkritische Auseinandersetzung mit ihnen auch noch besonders schwer: „Homophob? Ich doch nicht. Meine besten Freunde sind doch homosexuell!"

Die „neue Homophobie" ist nicht so grob und augenfällig wie der Homohass vergangener Jahrzehnte. Sie spricht nicht von „Sünde" oder erklärt Homosexuelle für krank. Nur noch zehn Prozent der Deutschen geben an, dass Homosexualität unmoralisch sei. Doch die mangelnde Sichtbarkeit macht die neue, versteckte Homophobie nicht weniger gefährlich. Im Gegenteil: Das Ansprechen unterschwelliger homophober Denkmuster führt meist nicht zu der Bereitschaft, sich mit diesen auseinanderzusetzen, sondern zu erbitterter Abwehr. Eine wirkliche Beschäftigung mit dem, was Homophobie ausmacht und wie sie überwunden werden könnte, hat in unserer Gesellschaft nie stattgefunden.

Dies hat auch damit zu tun, wie die „Ehe für alle" in Deutschland eingeführt wurde: Zwei Jahrzehnte war sie in Deutschland Dauerthema. Doch im Gegensatz zu den meisten anderen westlichen Ländern nie auf ein bestimmtes Entscheidungsszenario, auf einen bestimmten Termin ausgerichtet. Und deshalb auch nie oben auf der politische Agenda, nicht von einer breiten Diskussion, einem gesamtgesellschaftlichen Willensbildungsprozess flankiert.

Die Entscheidung für die rechtliche Gleichstellung kam dann letztendlich plötzlich und unerwartet. Sie war eine politische Sturzgeburt. Obwohl die Bevölkerung die Entscheidung an sich großteils befürwortete, war die öffentliche Freude darüber merkwürdig verhalten. Anders als in Frankreich gab es in Deutschland keine Massenproteste. Aber anders als etwa in den USA wurde der Schritt nicht als emanzipatorischer Meilenstein gefeiert, der weitreichende Auswirkungen für das Selbstverständnis der Gesamtgesellschaft hat. Einem Großteil der Deutschen, so scheint es, ist das Ganze bestenfalls egal. Selbst viele von denen, die das Anliegen unterstützen, verstehen nicht, warum das jetzt so ein Thema sein soll: „Haben wir keine anderen Sorgen?"

Während Präsident Barack Obama nach der Entscheidung für die Gleichstellung im Obersten Gerichtshof in einer pathetischen Rede von einem „Sieg für Amerika" sprach, der die Grundfeste des Landes stärke, sagte der deutsche Bundespräsident Frank-Walter Steinmeier nach der Abstimmung im Bundestag: nichts.

In Deutschland gibt es zudem eine weitere Besonderheit, die den verdrucksten Umgang mit homophoben Ressentiments manifestiert: So wie die Einführung der „Ehe für alle" war auch die erst 1994 erfolgte Abschaffung des Strafrechtsparagrafen 175 nicht Anlass zu einer gesellschaftlichen Aufarbeitung. Die durch ihn kultivierten diskriminierenden Strukturen und negativen Leitbilder wurden nie angemessen betrachtet.

Eine kulturelle oder politische Reflexion der in Deutschland spezifischen Homosexuellenverfolgung ist überfällig. Das Gift, welches das Konstrukt des „Hundertfünfundsiebzigers" als ein unscheinbares, kriminelles Wesen in die Gesellschaft brachte, hat sich im Laufe der Zeit zwar stetig abgebaut. Aber es ist noch da und je heftiger die Existenz des Giftes in Abrede gestellt wird, desto schädlicher kann es seine Wirkung entfalten.

Die neue Homophobie ist nicht nur das Problem dumpfer Stammtische. Sie schwelt hinüber zu den Orten des links-intellektuellen Milieus bis hin zu den Grünen. Sie findet sich im Feuilleton, am Theater, im politischen Kabarett. Im Prinzip ist die neue Homophobie natürlich die alte, sie offenbart uralte Abwertungsmechanismen. Neu ist, dass es sich um eine Homosexuellenfeindlichkeit handelt, die auf ihre Homosexuellenfreundlichkeit beharrt.

Umso wichtiger ist es, sie zu dechiffrieren, sie zu benennen. Gerade weil das genaue Hinschauen in den quälenden Auseinandersetzungen um die „Ehe für alle" zu kurz gekommen ist.

Oft heißt es, das beste Mittel gegen Homophobie sei Bildung. Ich bin mir da nicht so sicher. Mehr Bildung führt nicht automatisch zu weniger Homophobie. Ich glaube sogar, dass es auch einen umgekehrten Zusammenhang gibt. Homophobie hat in gebildeten Kreisen einen guten Nährboden. Zum einen, weil man dort geschulter darin ist, Ressentiments zu verbergen und vor sich selbst und anderen zu verklären. Wo nichts ist, muss und kann auch nichts bewältigt werden.

Zum anderen ist die öffentlich zelebrierte Akzeptanz von Homosexualität ein kultureller Code gebildeter Kreise. Weltgewandt zu sein, bedeutet, sich vorurteilsfrei zu geben, sich auch auf das Lebenswerk vieler homosexueller Künstlerinnen und Künstler zu beziehen. In der Theorie haben solche Leute keinerlei Berührungsängste. Homosexualität ist dann wie ein Graffiti, das man im Museum als Kunst bewundert, aber doch bitte nicht an der eigenen Hauswand hat. Als es bei der „Ehe für alle" ums Ganze ging, war das im Boulevard schon kein großes Ding mehr. Es war die Starrköpfigkeit gebildeter Bevölkerungsschichten, die ihre bürgerliche Gesellschaft in Gefahr sahen. Ebenso wie die „Demo für alle" und die Bewegung der „besorgten Eltern", die gegen den in schulischen Bildungsplänen als Leitperspektive formulierten Respekt vor sexueller Vielfalt wettern und ihre Kinder vor solcher bewahren möchten.

Doch es gilt, Homophobie nicht nur um der Homosexuellen willen zu bekämpfen. Die Gründe und Mechanismen, die hinter der Abwertung von Minderheiten stecken, sagen weniger über die Minderheiten aus als über diejenigen, die ein Problem mit ihnen haben. Die Probleme, die Heteros mit Homosexuellen haben, sind keine Probleme, die von Homosexuellen ausgehen.

Doch um welche Vorbehalte geht es eigentlich? Warum hat die heterosexuelle Mehrheitsgesellschaft die rechtliche Gleichstellung nie als ihr eigenes Anliegen begriffen? Warum empfindet sie homosexuelle Sichtbarkeit so oft als aufdringlich? Ist sie ehrlich offen für Differenz oder wünscht sie sich in Wahrheit bürgerliche, „unauffällige" Homosexuelle? Indem sich Heterosexuelle mit der strukturellen, gesellschaftlichen und der individuellen Homophobie beschäftigen, können sie eine Menge über sich selbst lernen. Zu versuchen, Homophobie zu verstehen, statt sie reflexhaft zu bestreiten, könnte dazu beitragen, den Zustand unserer Gesellschaft auch in den Konfliktzonen besser zu begreifen, die nichts mit sexuellen Minderheiten zu tun haben. Auch bei Sexismus und Rassismus geht es um Angst. Doch ebenso geht es um Macht, Konventionen, fehlende Empathie, Bequemlichkeit im Denken wie im Handeln.

Es ist Zeit für eine ernsthafte Auseinandersetzung mit Homosexuellenfeindlichkeit in unserer Gesellschaft. Und – wenn wir sie schon nicht gänzlich überwinden können – darüber, wie wir sie ihrer Tücke, ihrer Hinterhältigkeit berauben können. Das Problem ist nur, dass fast jede Diskussion über Homophobie an der gleichen Stelle aus der Kurve fliegt. Der Urheber der Äußerung verweigert eine solche Debatte nicht nur, er torpediert sie auch noch mit einem Totschlagargument: Das Gesagte kann ja gar nicht homophob sein, weil sie oder er selbst ja gar nicht homophob sei; sobald es einen Anlass, eine Äußerung, ein Verhalten gibt, anhand dessen man klären könnte, was oder ob etwas daran als homophob zu bewerten ist und was man daraus lernen könnte, greift in der Regel diese Logik. Homophobie ist demnach wie eine genetische Krankheit. Die einen haben sie und die anderen nicht. Und die, die sie nicht haben, die sind fein raus. Die Debatte endet, bevor sie begonnen hat. Das Gesagte kann nicht homophob sein, denn es war ja nicht so gemeint, kann ja gar nicht so gemeint gewesen sein.

Wenn homophob immer nur die anderen sind, brauchen wir über Homophobie nicht zu reden. Also, machen wir einen Anfang: Ich bin homophob – und Sie sind es wahrscheinlich auch!

PERSPEKTIVENWECHSEL

Das Reden über Homophobie (oder besser: das Aneinander-Vorbeireden) hat oft damit zu tun, dass unterschiedliche Ebenen, Erwartungen und Erfahrungen nicht benannt werden. Unterschiedliche Tonalitäten und Sprachen können die Chancen einer Verständigung bereits zu Beginn eines Gespräches über Homophobie verschütten. Es geht also darum, Ebenen zu definieren oder es zumindest zu versuchen.

Eine Ebene in diesem Buch ist die meines Blogs, das ich seit 2006 betreibe. Wenn Sie mein Blog nicht kennen, möchte ich Sie in diesem Buch damit vertraut machen.

Das *Nollendorfblog* ist benannt nach dem Nollendorfplatz in Berlin-Schöneberg, der seit über hundert Jahren, weit über Deutschland hinaus, Zentrum und Schauplatz der kulturellen und politischen Emanzipation von Schwulen und Lesben ist. Ich schreibe dort aus homosexueller Perspektive für homosexuelle, für queere Leserinnen und Leser. Es gibt also so etwas wie ein „Wir". Doch bereits hier wird es schwierig, da dieses „Wir" ganz und gar nicht so einfach ist, wie es klingt.

Das „Wir" ist je nach Anlass und Perspektive mal ein schwules, mal ein lesbisch-schwules, also homosexuelles, mal ein queeres „Wir" (also eines, das – grob gesagt – alle einbindet, die sich nicht heteronormativ verorten). Jedes dieser „Wirs" ist eine Anmaßung, denn natürlich kann ich streng genommen nur für mich selbst schreiben. Ich bin kein demokratisch gewählter Aktivist, es gibt keine festgelegte gemeinsame Community-Agenda, auf die ich mich berufen kann oder will. Dass ich schwul, homosexuell und queer bin, erlaubt es mir nicht, für andere zu sprechen, die es auch sind. Einerseits. Andererseits steckt hinter diesen Texten ja ein Ziel: Ich möchte meine Vorstellung darüber mitteilen, wie die Emanzipation unserer Minderheiten und wie der Kampf gegen Diskriminierung aussehen könnte. Hierzu bedarf es nicht nur der Annahme gemeinsamer Interessen, sondern auch der Formulierung gemeinsamer Ziele und Lösungsansätze. Jedes „Wir" ist also eine Behauptung. Es ist brüchig, oft ungenau, und viele, die damit gemeint sind, wehren sich entschieden dagegen, dass sie es sind. Und das ist ihr gutes Recht.

Ich bin sehr für einen gemeinsamen Weg von LGBTI*. Einen Kampf, in dem jeder sich auch für die Bereiche engagiert, von denen er nicht unmittelbar betroffen ist. Und obwohl ich keine der Perspektiven, keine der Minderheiten oder Identitäten gegeneinander ausspielen möchte, kann und will ich sie in meinem Blog nicht immer gleich im Blick behalten.

Weil, erstens, nicht alle Interessen und nicht alle Formen von Diskriminierung gleich sind. Auch wenn es natürlich immer das Ziel sein sollte, gegen alle Formen von Diskriminierung anzugehen, muss man trotzdem die einzelnen mit ihren jeweiligen spezifischen Eigenarten betrachten. In ganz vielen Punkten geschieht die Abwertung von Schwulen und Lesben ähnlich, in vielen aber nicht. Vieles, was für Homosexuelle gilt, gilt auch für trans-, bi- und intersexuelle Menschen. Vieles aber auch nicht.

Zweitens: Ich bin ein schwuler Mann. Es gibt Aspekte und Themen, bei denen das egal ist, aber es gibt eben auch die, wo das nicht so ist. Es gibt Themen, bei denen ich mir anmaße, auch für Lesben sprechen zu können, und Themen, bei denen ich das nicht tue.

In meinem Blog richte ich mich also vor allem an Mitglieder der LGBTI*-Community. In diesem Buch möchte ich nun auch die ansprechen, die sich nicht dazu zählen. Wenn Sie nun einwenden möchten, dass es doch egal ist, ob jemand homo oder hetero oder sonst etwas ist, dann sind wir schon an einem Punkt, der bei vielen Homophobie-Diskussionen eine große Rolle spielt und oft bereits erste Probleme macht: Natürlich ist es egal und natürlich ist es nicht egal. Es stimmt, dass es keine fest betonierten Perspektiven gibt, dass jeder auch grundsätzlich die Möglichkeit hat, den Blickwinkel des anderen zu übernehmen. Doch damit dies möglich ist, muss ich erst einmal das Vorhandensein unterschiedlicher Perspektiven voraussetzen. Auch wenn es „den" schwulen, lesbischen, queeren Blick nicht gibt, so gibt es ihn doch auch.

Ich möchte in diesem Buch aufzeigen, wann das so ist und warum. Also: Wann macht es einen Unterschied und was macht ihn aus? Wie ist es möglich, diese Unterschiede deutlich zu benennen, also klarzumachen, wo Homosexuelle eine andere Sicht als Heterosexuelle haben, und trotzdem eine Basis für gemeinsamen Austausch zu schaffen? Wenn das alles im gleichen Buch geschehen soll, es also kein Buch sein soll, das einseitig den Heteros die Homos erklärt, sondern eines, das einen gemeinsamen konstruktiven Streit provozieren kann, dann kann das meiner Meinung nach nur über einen ständigen Perspektivenwechsel funktionieren. Ein Ansatz, der je nach Perspektive radikal ist oder konziliant. Einer, der sowohl den vorhandenen Ärger und die Wut einzufangen versucht, die „wir" Homosexuelle als Opfer von Abwertung empfinden. Aber auch einer, mit dem „wir" alle als Teile unserer Gesellschaft, egal ob homo oder hetero, eine gemeinsame Gesprächsbasis finden können, um zusammen einen Schritt weiterzukommen.

Das klingt anstrengend. Doch sehr viel anstrengender ist es, es nicht zu tun, also immer wieder neue Debattenunfälle zu produzieren. Oder ein gegenseitiges Genervtsein weiter zu kultivieren. Eines, das mal zu Frust, mal zu Gleichgültigkeit führt. Eines, das aus dem Wunsch daraus, dass alles endlich mal gut sein möge, alles gut sein lässt. Und dabei das liegen lässt, was nicht gut ist, eben nicht gut sein kann, weil wir nie daran gearbeitet haben.

Ein ständiger Perspektivenwechsel ist spannend, aber er beinhaltet auch Begleiterscheinungen: zu große Schärfe, zu große Unschärfe, Überforderung wie Unterforderung. Es ist ein Experiment, das immer wieder misslingen muss, weil der Sprung zwischen den verschiedenen „Wirs" ein konstruierter ist. Das gemeinsame Reden über Homophobie muss Widersprüche überwinden und sie gleichzeitig aushalten.

„EHE FÜR ALLE": WAR DA WAS?

Mir persönlich ist die Institution Ehe ziemlich egal und ich verstehe auch diejenigen, die den Kampf für die Eheöffnung und letztendlich auch die Eheöffnung mit der Sorge verbinden, dass der Druck zur Anpassung an heteronormative Bürgerlichkeit steigt. Aber homosexuelle Paare sollen nicht deshalb heiraten dürfen, weil auch sie „konservative Werte" leben wollen. Es ist völlig egal, aus welchem Grund sie das wollen. Sie sollen heiraten dürfen, weil die Heteros es auch dürfen. Es geht nicht um Moral, sondern um gleiche Rechte. Die „Ehe für alle" ist nicht deshalb so wichtig, weil sie das Ziel homosexueller Emanzipation ist, sondern eine ihrer Voraussetzungen.

Nollendorfblog vom 4. Juni 2013
1487 Tage bis zur „Ehe für alle"

Die Afroamerikanerin Rosa Parks hat sich 1955 nicht deshalb dafür entschieden, sich im Bus in den für Schwarze verbotenen vorderen Teil zu setzen, weil sie lieber vorne sitzt. Sie tat es, ganz einfach, weil es möglich sein musste.

Ein Recht muss man sich nicht verdienen. Und man muss es nicht nutzen, um es zu legitimieren. Aber man muss wissen, dass man es hat. ∎

Nach der Entscheidung für die „Ehe für alle" am 30. Juni 2017 im Deutschen Bundestag konnte ich die Menschen, die ich traf, in zwei Gruppen einteilen. Die einen hatten das Gefühl, gerade etwas Historisches erlebt zu haben. Viele verglichen es sogar mit der Maueröffnung 1989, über das doch das ganze Land nun ausgiebig miteinander feiern müsse.

Den anderen ging es komplett anders. Nicht, dass sie sich nicht freuen konnten, aber sie waren eher der Meinung, dass es sich um ein Ereignis handelte, das nur wenige Leute betrifft, das man deshalb nicht ganz so groß aufhängen sollte. Klar: Die eine Gruppe, das waren Lesben und Schwule. Die andere, das waren die Heteros.

Sich sehr, sehr freuen, etwas sehr, sehr wichtig finden ist ein starkes Gefühl. Aber ein starkes Gefühl und eine Mischung aus Unsicherheit und Frust entstehen auch, wenn man merkt, dass Menschen um einen herum das ziemlich kaltlässt, von denen man denkt, dass es doch auch wichtig für sie sein müsste.

Ja, für mich hatte sich etwas geändert. Aber doch für alle anderen auch! Was sich am meisten geändert hatte, war doch, dass sich unser Land verändert hatte. Ist das so schwer zu verstehen?

Nollendorfblog vom 5. Juli 2017
5 Tage nach der „Ehe für alle"

Die „Ehe für alle" kam auch deswegen so spät nach Deutschland, weil sich fast nur die Heteros für das Thema interessiert hatten, die leidenschaftlich dagegen sind.

Leidenschaftliche Befürworter, gar Kämpfer für die Sache gab es kaum, und auch in wohlwollenden Kommentaren nach der Entscheidung im Bundestag ist zu lesen, dass diese zwar für die – relativ wenigen – „Betroffenen" eine große Sache sei, ansonsten aber halt ein Nischenthema, über das man jetzt nicht so einen Wind machen müsse. Geradezu ausgelacht werden wir oft, wenn wir die historische Dimension betonen, nach dem Motto: Die Homos mögen es halt gerne dramatisch.

Auch jetzt können oder wollen viele Heteros nicht den Unterschied zwischen einem Minderheiten- und einem Menschenrechtsthema verstehen, beharren somit auf ihrer Gönnerpose, statt sich gemeinsam mit uns darüber zu freuen, dass es vor allem ein Sieg der Freiheit ist: dass nun Deutschland ein insgesamt freieres Land geworden ist, dass Freiheit etwas ist, das für alle größer wird, wenn sie für alle gilt.

Dass ausgerechnet Deutschland, das Land der friedlichen Revolution, jetzt so freiheitsvergessen ist, merkt man daran, dass nun viele die Bedeutung der Eheöffnung vor allem daran messen wollen, wie viele homosexuelle Paare denn nun auch tatsächlich heiraten wollen. Das wäre so, als ob man die Bedeutung des Wegfalls des eisernen Vorhangs und die Errungenschaft der Reisefreiheit für die ehemaligen DDR-Bürger vor allem daran bemessen würde, wie viele denn damals tatsächlich von ihr Gebrauch gemacht hatten.

In Amerika etwa lief und läuft die Debatte komplett anders. Dort sind vor allem auch die nicht „Betroffenen" stolz auf das Erreichte, weil sie der Meinung sind, dass sie nun alle in einem besseren Land leben. Das zeigt sich etwa im Credo der Obama-Regierung, wonach durch die Eheöffnung die Gesellschaft an sich stärker geworden sei und vor allem die Werte gestärkt wurden, die das Selbstverständnis des Gemeinwesens definieren. Barack Obama in seiner Berliner Rede am 19. Juni 2013: „Indem wir uns für Lesben und Schwule einsetzen und ihre Liebe und ihre Rechte im Gesetz gleichstellen, verteidigen wir unser aller Freiheit."

Krasser kann der Gegensatz zum Selbstverständnis hierzulande gar nicht sein. Warum macht sich Deutschland gerade bei einem solchen Thema so entsetzlich klein, wo es sich doch nun einmal wirklich großartig fühlen könnte? Sind der leitkulturelle Konservatismus sowie der Ekel vor Veränderung, Pluralität und Emanzipation so groß, dass wir Deutschen zwar merken, dass Veränderung und Pluralität notwendig sind, diese aber nur verkraften können, wenn wir so tun, als wäre dem nicht so? Selbst dann, wenn es wirklich mal passiert?

Wie können wir den Heteros erklären, dass da gerade Geschichte geschieht und dass auch sie ein Teil davon sind? Einfach damit wir uns gemeinsam daran erinnern können, damit wir gemeinsam daran arbeiten können, dass sie auch wirklich gelingt?

Wenn die Vorstellung von Freiheit und Gerechtigkeit keine überzeugende Erklärung dafür ist, was den Unterschied macht, also, warum die „Ehe für alle" auch ein Thema für alle sein sollte: vielleicht ja das Betrachten des Gegenteils, also einer in Deutschland als solche empfundene Ungerechtigkeit.

Todesstrafe! Ja, ich meine das ernst. Und nein, ich vergleiche hier nicht die Todesstrafe mit der Eheöffnung. Aber das Beispiel Todesstrafe zeigt, wie unsinnig es ist, die Wichtigkeit eines Themas daran zu bemessen, wie viele Menschen tatsächlich direkt davon „betroffen" sind.

Ob wir in einem Land leben, in dem es die Todesstrafe gibt oder nicht, ist den allermeisten von uns nicht egal, auch wenn fast niemand je in eine Situation geraten könnte, in der sie ihm drohen könnte. Und auch, ob die Todesstrafe jährlich bei zwei- bis dreihundert oder nur bei zwei bis drei Menschen verhängt würde, würde für die Leidenschaft, mit der wir dagegen sind, wohl keinen allzu großen Unterschied machen.

Bei Fragen von Gerechtigkeit und Freiheit gibt es nicht die einen, die es betrifft, und die anderen, die damit nichts zu tun haben.

Es geht um den Grad an Zivilisation, dem sich eine Gesellschaft verschreiben möchte. Deutschland ist dank der „Ehe für alle" gerade dabei, ein zivilisierteres Land zu werden.

Was für ein komisches Land, das vor allem stolz darauf ist, wie egal ihm das ist. ■

EINE SCHLECHTE
ANGEWOHNHEIT

Ja, auch wenn wir nicht homophob sein wollen, es steckt doch tief in uns drin. Und doch können wir auch anders. Homophobie ist hinterlistig und zerstörerisch, aber sie bedarf keines Vorsatzes. Sie ist ganz einfach auch eine schlechte Angewohnheit. Eine Bequemlichkeit, wie auch Sexismus und Rassismus eine ist, mit der man sich die Dinge schön einfach machen kann. Nicht nur intellektuell, weil es leichter ist, Minderheiten und Diversität für die Überforderungen durch die Veränderungsprozesse einer sich globalisierenden, digitalisierenden und beschleunigenden Welt verantwortlich zu machen, statt sich den Herausforderungen zu stellen und zu versuchen, Widersprüche auszuhalten und sich an Neues zu gewöhnen. Es ist schlichtweg einfacher, nicht zu widersprechen, einfach mitzulachen oder alte homophobe, sexistische und rassistische Witze zu erzählen, als sich neue auszudenken. Es ist einfacher und profitabler, mit alten Witzen mit alten Drehbuchgeschichten, mit alten Rollenzuteilungen Geld zu verdienen, weil die Leute gerne lachen, sich gerne unterhalten lassen, wie sie es gewohnt sind. Es ist einfacher, seinen Wählern zu erzählen, dass die Welt sich nicht verändern muss, dass es so etwas gibt wie eine gute alte Zeit, die man bewahren kann. Es ist einfach einfacher, Menschen in ihren Ressentiments zu bestärken, als ihnen zu helfen, diese zu überwinden.

Homophobie ist, wie auch Sexismus und Rassismus, eine Arroganz, ein Dünkel. Die Verweigerung, das eigene

Selbstbild zu hinterfragen, aber auch der Gefallen daran, schlechte Angewohnheiten als Charakterstärke, Marotte oder Mut vor sich herzutragen.

Homophobie ist, wie Sexismus und Rassismus, nicht nur Denk-, sondern auch Fantasiefaulheit. Der Schwarze stört im Bild vom alpinen Postkartenidyll, die Frau am Skalpell, die Schwulen auf dem Standesamt.

Ich glaube, noch stärker als die Besitzansprüche über Privilegien sind die Bilder im Kopf, wie etwas zu sein hat. Mag sein, dass Donald Trump zum Präsidenten gewählt wurde, weil er die Interessen einer sich vernachlässigt fühlenden Schicht formulieren konnte. Aber ich glaube, die Wahrheit ist simpler. Ein Großteil der Amerikaner konnte einfach die Vorstellung nicht ertragen, dass nach einem Schwarzen jetzt auch noch eine Frau im Oval Office sitzen soll. Und zwar nicht, weil sie dachten, von ihr schlecht regiert zu werden, oder dass sie ihnen etwas wegnimmt. Sondern weil sie da nicht hingehört, oder zumindest nicht, wenn da jetzt schon acht Jahre ein Schwarzer gesessen hat. Ein männlicher Präsident, auch wenn er Donald Trump heißt, ist die Rückkehr zur Normalität.

In meinem Blog beschäftige ich mich nur ein paarmal im Monat mit dem Thema Homophobie. Jetzt durch dieses Buch habe ich es einige Wochen am Stück getan. Es ist kein schönes Thema und manchmal habe ich mich beim Schreiben zwischendurch gefragt, was die Leserin, der Leser denken muss von einem, der Beispiel an Beispiel reiht, wie schlimm das alles ist. Nein, ich bin niemand, der hinter jedem Baum Homophobie vermutet, der überall Diskriminierung wittert. Ich denke nicht, dass ich ein trübsinniger, unlustiger Mensch bin, ich möchte niemandem den Spaß nehmen, seine Unbedarftheit, seine direkte Art. Es geht mir nicht darum, dass wir alle politisch korrekt miteinander umgehen, und ich bin auch der Meinung, dass jeder, auch die Homosexuellen, in der Regel etwas aushalten können und die Gesellschaft nicht jeden vor unguten Erfahrungen schützen kann und soll, einfach auch, weil solche Erfahrungen dazugehören.

Aber umgekehrt muss es auch möglich sein, über Probleme zu reden, wenn es welche gibt. Und die gibt es. Wir brauchen einen anderen Umgang in unserer Gesellschaft mit Homophobie. Wir brauchen einen wirklich mutigen nationalen Aktionsplan der Politik, der aktiv gegen Homo- und Transphobie angeht, aber auch ein differenzierteres, klügeres Agieren der Verbände und Institutionen. Testimonial- oder Mitmach-Kampagnen, die dazu einladen, sich gegen Homophobie oder Rassismus zu bekennen, bringen nicht viel, sie können sogar kontraproduktiv sein, weil sie leicht das Gefühl vermitteln, schon ein solches Bekenntnis reiche aus, um nicht Teil des Problems zu sein, und nicht Beschäftigung, Wachsamkeit und, wenn es sein muss, Zivilcourage.

In einem Land, in dem selbst Leute wie die AfD-Politikerin Beatrix von Storch davon überzeugt sind, nicht homophob und nicht rassistisch zu sein, darf ein kostenloses Bekenntnis nicht schon als Engagement durchgehen. Es bedarf konkreter Definitionen und Veranschaulichungen, es braucht konkrete Maßnahmen und Hilfestellungen, was zu tun ist.

Es geht nicht darum, überall Homophobie zu sehen, aber da, wo man sie sieht, muss man ihr auch widersprechen. Auch und gerade da, wo kleinere Diskriminierungen stattfinden – am Arbeitsplatz, im Alltag, in Politik und Medien – müssen sie sichtbar und nachvollziehbar benannt werden. Das ist unangenehm, sowohl für den, der es ausspricht, als auch für den, der sich das anhören muss. Deswegen muss es eine Selbstverständlichkeit werden, es muss das Peinliche, das Denunziatorische verlieren, und es muss verständlich gemacht werden, dass es sich nicht um persönliche Befindlichkeiten handelt. Deswegen sollten es nicht die „Betroffenen" selbst sein, die auf problematische Vorgänge hinweisen müssen: nicht die Frauen auf Sexismus, nicht Nicht-Weiße auf Rassismus, und nicht LGBTI* auf Trans- und Homophobie.

EINE DEUTSCHE SPEZIALITÄT

Es wäre falsch zu sagen, es hätte in der jungen Bundesrepublik keine Vergangenheitsbewältigung zu den Verbrechen gegeben, die an Homosexuellen während der Nazizeit verübt wurden. Doch diese Vergangenheitsbewältigung führte nicht zu einem „Nie wieder!", wie das bei anderen Opfergruppen der Fall war, sondern zu einem „Weiter so!". Es wäre falsch, die Homosexuellen als „vergessene Verfolgte" zu bezeichnen, schreibt Thomas Rahe, der wissenschaftliche Leiter der Gedenkstätte Bergen-Belsen:

„Die Homosexuellen wurden in Deutschland nach 1945 keineswegs vergessen. In Justiz und Politik, von der Moraltheologie bis zur allgemeinen Publizistik wurde immer wieder öffentlich vor der Gefährdung der Gesellschaft durch die Homosexualität gewarnt und deren Strafbarkeit gerechtfertigt."

Das „Weiter so" war also kein stillschweigendes, sondern ein beherztes. Federführend waren hierbei die christlichen Kirchen, die nach dem Dritten Reich als moralisch unverwundete Instanzen galten und diese Autorität dann nutzten, um ihre sittlichen Vorstellungen durchzusetzen und die ihrer Ansicht nach seit der Weimarer Zeit entstandene moralische Entfesselung einzudämmen. Dies bedeutete, neben einem rigiden Frauenbild und drakonischen Abtreibungsregelungen die Sicherstellung der Strafverfolgung Homosexueller. Dies erfolgte auf Basis einer von den Nazis verschärften Version des Paragrafen 175, der im Kaiserreich eingeführt wurde.

Doch der verbissene Hass auf Homosexuelle war nicht nur der gemeinsame Nenner von Nazis und Kirchenleuten. Er ist eine der großen Konstanten deutscher Leitkultur, die jenseits aller Milieus, Weltanschauungen und Staatsformen Bestand hatte. Rahe: „Die erschreckende Kontinuität der Homosexuellenverfolgung im Nachkriegsdeutschland basierte auf einer jahrhundertelangen, emotional tiefen Abneigung des größten Teils der Bevölkerung und nahezu aller politischen und sozialen Institutionen in der Bundesrepublik gegenüber Homosexuellen."

Ich finde es erstaunlich, wie wenig der deutsche Sonderweg bei der „Ehe für alle" – also sowohl die Tatsache, dass sie so spät kam, als auch, dass sie in ihrer Bedeutung für die Gesellschaft so marginalisiert wird – mit dem deutschen Sonderweg der Homosexuellenverfolgung in Verbindung gebracht wird.

Wie ich es überhaupt erstaunlich finde, wie wenig dieser Sonderweg der Verfolgung als ein solcher betrachtet wird. Zwar gab es wie in Großbritannien nach 1945 auch anderswo in Europa staatliche Homosexuellenverfolgung, doch es war eben nicht so, dass diese damals rund um Deutschland üblich war. In Frankreich ist Homosexualität bereits seit 1791 infolge der Abschaffung der Gesetze gegen die „widernatürliche Unzucht" entkriminalisiert. In den Niederlanden seit 1811. In Italien war Homosexualität (außer unter Mussolini) nie verboten, und während in Deutschland sich die Situation Homosexueller unter Hitler weiter verschlimmerte, findet in den Nachbarländern Dänemark (1933) und der Schweiz (1942) die Legalisierung statt. Sogar Polen gelingt es 1932, also genau 30 Jahre, bevor Bundeskanzler Konrad Adenauer eine Lockerung der Strafverfolgung in der alten Bundesrepublik mit dem Verweis auf „schwere Gefahr für eine gesunde und natürliche Lebensordnung im Volke" vehement ablehnt.

Dass Deutschland seine Homosexuellenverfolgung nicht einmal dann infrage stellt, als es 1945 den völligen staatlichen, gesellschaftlichen und moralischen Zusammenbruch erlebt, sondern auf Basis der Regelungen der Nazizeit weiterführt, dass es daran sogar nach Wirtschaftswunder und bildungspolitischem Aufbruch der 1960er recht unbeirrt festhält, zeigt die kontinuierliche Bedeutung dieses Faibles für die Identität des Landes. Es war nicht so, dass es eine Richtung, einen allgemeinen antihomosexuellen Zeitgeist gab, der zwangsläufig zu dem führte, was sich Deutschland mit den Homosexuellen leistet. Diese Obsession war, wenn auch keine exklusive, aber doch eine deutsche Spezialität. „Das war eben so" muss vor allem heißen: „Das war eben in Deutschland so."

Die Studentenbewegung Ende der 1960er änderte dann das gesellschaftliche Klima. Das „Mehr Demokratie wagen" von Willy Brandts sozial-liberaler Koalition bedeutet auch eine Abschwächung des „Schwulenreferaten". Dass er sich aber bis 1994 halten konnte und dass er auch nur deshalb abgeschafft wurde, weil dies eine Angleichung an DDR-Recht nach dem Einigungsvertrag bedingte, zeigt, wie wenig Priorität die Statusverbesserung Homosexueller in Deutschland spielte. Zudem brauchte es die Aids-Krise, um überhaupt die Diskriminierung Homosexueller in das gesellschaftliche und politische Bewusstsein zu rücken.

Nur zur Einordnung: 1989 war nicht nur Mauerfall, sondern auch die erste Loveparade, die in den Folgejahren zu der prägenden Massenbewegung des Jahrzehnts wurde. 1994 war das Jahr, in dem die durch Judy Garland bekannt gewordene Schwulenhymne „Somewhere over the Rainbow" durch Marushas Techno-Version zur Loveparade-Hymne wurde. Niemals zuvor in Deutschland waren sich Gay- und Straight-Culture näher. Und trotzdem schlug es diesem Land nicht aufs Gemüt, mit einem Kaiser- und Naziparagrafen Homosexuelle zu kriminalisieren.

Die Strafbarkeit Homosexueller wurde abgeschafft, wie die Möglichkeit ihrer Eheschließung eingeführt wurde: so nebenbei. Ohne eine vorausgehende breite gesellschaftliche Debatte. Ohne anschließende Nachbetrachtung oder Aufarbeitung. Ohne große Spuren im kulturellen Vermächtnis zu hinterlassen, als ob eigentlich nichts geschehen wäre. Im sogenannten kollektiven Gedächtnis ist die Zeit der Homosexuellenverfolgung, die ja durch die noch lebenden, noch leidenden und noch nicht entschädigten Opfer immer noch anhält, nicht präsent. Das so auf seine Vergangenheit fixierte Deutschland, in dessen Nachrichtensendern in jeder freien Minute eine Doku auch noch den abseitigsten Aspekt der dunklen Vergangenheit ausleuchtet, bewahrt sich bei der Geschichte seiner Homosexuellen einen blinden Fleck.

Rahe schreibt, dass die meisten Familien verfolgter Homosexueller über das „schwarze Schaf" in ihrer Familie nicht sprechen wollten. Sie „vernichteten lieber entsprechende Bild- und Textdokumente, als sie öffentlich zu machen bzw. an Museen oder Gedenkstätten zu geben. Wenn die NS-Verfolgung von Homosexuellen in Gedenkstätten, historischen Museen und der historischen Forschung bis in die 1980er Jahre kaum vorkam, so hatte dies mit offenkundigem Desinteresse ebenso zu tun wie mit dieser schwierigen Quellenlage." Denn nicht nur die Verfolgung Homosexueller erfährt eine Kontinuität von der Nazi- zur Nach-Nazizeit, auch die Gleichgültigkeit gegenüber deren Schicksalen.

Dabei muss ja fast jede deutsche Großfamilie in der Nachkriegszeit in irgendeiner Weise vom Paragrafen 175 betroffen gewesen sein. Und das nicht nur aufgrund der über 100.000 Ermittlungen und etwa 50.000 rechtskräftigen Verurteilungen zwischen 1950 und 1969, die oft die wirtschaftliche und gesellschaftliche Vernichtung der Betroffenen zur Folge hatte. Auch Männer, die nicht mit dem Paragrafen in Berührung kamen, waren dennoch seiner Gefahr ausgesetzt. Erpresst, bedroht und schikaniert konnte man ja nicht nur bei tatsächlichen Verstößen oder konkreten Verdächtigungen werden. Der 175 war nicht nur Straf-, sondern auch Schreckens- und Machtinstrument. Er betraf auch bi- und heterosexuelle Männer, denen man durch üble Nachrede drohen und sie erpressen konnte.

Die Geschichte des Paragrafen ist eine Familiengeschichte. In jeder deutschen Großfamilie muss es statistisch einen Onkel geben oder gegeben haben, bei dem man die Schande ahnte oder um sie wusste. Ein männlicher Verwandter, dessen Vita durch Lügen, Scham, Leid und Schuld nebulös verlaufen ist. Jeder deutschen Großfamilie ist auf irgendeine Art und Weise etwas angetan worden, durch das, was der Paragraf 175 Schwulen angetan hat.

Hinzu kommt die Situation lesbischer Frauen, die zwar nicht gesetzlich unter dem Paragrafen 175 standen und nicht systematisch als Lesben kriminalisiert worden sind, trotzdem fanden sie sich in allen Opfergruppen und waren alltäglicher Diskriminierung und Erpressbarkeit ausgesetzt. In Deutschland wurde nie auf breiter Ebene untersucht, welche Spuren diese Verwicklungen hinterlassen haben.

Wie hat das die Stereotype beeinflusst, die es bis heute von Homosexuellen gibt? Welche Folgen hat das, wie über Homosexuelle gesprochen wird? Oder vielleicht noch wichtiger: nicht gesprochen wird? Wie groß ist das Bedürfnis, „es" nicht sehen zu wollen, nicht „darüber" reden zu müssen? Ist der Impuls, sich in Andeutungen, in uralte schmierige Witzchen und Possen zu retten, ein Relikt dieser Zeit? Was sagt das über die Beständigkeit der „schwulen Sau" aus, die sich als Schimpfwort immer noch den ersten Platz auf deutschen Schulhöfen sichert? Und was darüber, dass viele Pädagogen dies nicht als Problem anerkennen mögen, weil sie sich sicher zu sein glauben, dass das nicht „so" gemeint ist? Und, wo wir schon dabei sind: Hat eigentlich schon mal jemand das Verwandtschaftsverhältnis zwischen Juden- und Schwulensau klären können? Welchen Einfluss hat das jahrzehntelang gelernte Rumgedrucks, das kultivierte Nichtbefassen, erprobtes Nicht-wissen-Wollen, das unreflektierte Sich-nicht-wohl-mit-dem-Thema-Fühlen auf die bewusste und unbewusste Haltung von uns Deutschen zu Homosexualität und Homosexuellen?

Sind die Deutschen überhaupt kompetent, die Frage zu beantworten, wie wohl sie sich mit Homosexuellen fühlen, was sie ihnen politisch, kulturell, persönlich gestatten und zubilligen wollen? Wenn die Deutschen über Homosexuelle reden, wissen sie dann überhaupt, worüber sie reden?

Nollendorfblog vom 26. Januar 2015
noch 886 Tage bis zur „Ehe für alle"

Toleranz ist nicht der gleiche Drink wie Akzeptanz nur mit weniger Promille und Wirkung. Toleranz ist nicht weniger von etwas, was eigentlich gut ist. In der Essenz der Toleranz ist das Böse, das Zerstörerische bereits enthalten, da sie nicht darauf angelegt ist, Abwertung zu überwinden.

Als Chefkolumnist Franz Josef Wagner in der BILD-Zeitung im August 2012 von einer „glorreichen Zeit" für Homosexuelle sprach, weil diese nicht mehr ins Gefängnis gesteckt würden, mochte ihm keiner der Verfechter einer deutschen Leitkulturidee widersprechen.

Wer sich mit Toleranz zufriedengibt, bedankt sich dafür, nicht verfolgt zu werden. Wer sich dafür bedankt, nicht verfolgt zu werden, wird es irgendwann wieder werden.

Toleranz funktioniert nicht. Sie konserviert das Ressentiment, das Gefühl, dass der andere nur deswegen so anders als man selbst sein darf, weil man es hinnehmen muss. Und nicht, weil Menschen eben anders sind und das gut so ist. Toleranz möchte das Anderssein des anderen überwinden und nicht das Problem, was Menschen mit dem Anderssein anderer Menschen haben.

DAS MIT VOLKER BECK

„Bei uns auf dem Dorf, da, wo die Leute uns kennen, da gibt es kein Problem, da sind wir akzeptiert wie jedes andere Paar auch."

Schön, dass viele Lesben und Schwule heute so etwas sagen können. Doch wie brüchig ist die Akzeptanz gegenüber Homosexuellen? Gilt sie auch dann, wenn eine Lesbe oder ein Schwuler „auffällig" wird, wenn sie oder er aus der Rolle tanzt, gar zum „öffentlichen Ärgernis" wird. Ist es auch dann egal, ob jemand homosexuell ist oder nicht?

Der Fall Volker Beck ist dabei eine bittere Fallstudie. Er zeigt, wie schnell und wie massiv homophobe Reflexe greifen, sobald ein Regelverstoß im Raum steht.

Ende der 1980er, Anfang der 1990er Jahre war es Volker Beck, der als Schwulenreferent der Bundestagsfraktion der Grünen noch vor seiner Zeit als Bundestagsabgeordneter zusammen mit der damaligen Bundestagsabgeordneten und Lesbenring-Sprecherin Jutta Oesterle-Schwerin, durch Anträge und parlamentarische Anfragen die rechtliche Diskriminierung homosexueller Paare erstmalig im Bundestag zur Sprache brachte. Zusammen mit Manfred Bruns, dem damaligen Bundesanwalt am Karlsruher Bundesgerichtshof, veröffentlichte Beck 1991 den juristischen Aufsatz „Das Eheverbot bei Gleichgeschlechtlichkeit", der zu dem Ergebnis kam, dass ein Eheverbot Homosexueller gegen das Grundrecht der Eheschließungsfreiheit verstößt.

Nachdem Hella von Sinnen und Cornelia Scheel sowie andere Paare 1992 begannen, ihr Eherecht einzuklagen, riefen Beck und Bruns mit dem LSVD (Lesben- und

Schwulenverband in Deutschland) -Vorgänger SVD und dem SLP (Bundesarbeitsgemeinschaft schwule und lesbische Paare) zu der „Aktion Standesamt" auf, bei der über 200 homosexuelle Paare bei den Standesämtern ein Aufgebot bestellten. Die laut *Süddeutscher Zeitung* „werbetechnisch geniale Demonstration" brachte erstmals das Thema einer breiten Öffentlichkeit näher und es war danach auf der politischen Agenda. Die Eingetragene Lebenspartnerschaft in der rot-grünen Koalition unter Gerhard Schröder habe Volker Beck in seiner Partei „beinah allein durchgesetzt", schreibt der Journalist Jan Feddersen in der *taz*, „gegen die Mainstreamhomophobie im Bundestag".

Obwohl Volker Beck als langjähriger Sprecher des LSVD eines der wichtigsten Gesichter der Bewegung war, gelang ihm als Bundestagsabgeordnetem von Bündnis 90/Die Grünen eine Parteikarriere, die sich nicht nur auf seine Bedeutung für „seine" Klientel stütze. Über zehn Jahre war er bis 2013 der Erste Parlamentarische Geschäftsführer seiner Fraktion, also einer der wichtigsten Strippenzieher. Er war deren rechtspolitischer, dann menschenrechtspolitischer und schließlich innenpolitischer Sprecher. Wie wenige deutsche PolitikerInnen setzte er sich für Religionsfreiheit unterschiedlichster Glaubensrichtungen ein. Zu seinen Verdiensten gehörte die im Jahr 2000 unter Otto Graf Lambsdorff und seiner Federführung entstandene Zwangsarbeiterstiftung (Stiftung „Erinnerung, Verantwortung und Zukunft"), wofür er 2002 das Bundesverdienstkreuz erhielt.

Als bei Beck im März 2016 bei einer Polizeikontrolle 0,6 Gramm einer „betäubungsmittelverdächtigen Substanz" gefunden wurde, trat er von allen seinen Ämtern zurück.

Natürlich war die Kritik, die ihm damals aufgrund seines Drogen-Konsums entgegenschlug, nicht offen homophob. Doch hinter den Vorwürfen und besonders hinter den Rücktrittsforderungen wurden Zuschreibungen offenbar, die ohne seine Rolle als homosexueller Vorkämpfer nicht denkbar gewesen wären. Selbst konservative Bundestagsabgeordnete haben später hinter vorgehaltener Hand eingeräumt, dass sich wohl bei einem gleichgelagerten Fehlverhalten eines heterosexuellen Abgeordneten nicht eine solche Ablehnungswelle entwickelt hätte.

Aus heutiger Sicht erscheint es schwer vorstellbar, dass der im Sommer 2017 als Held und „Vater der ‚Ehe für alle'" in der Community und über die Parteigrenzen hinweg gefeierte Volker Beck nur ein Jahr vorher vor dem politischen Ende stand. Damals, im Frühjahr 2016, fiel es schwer, daran zu glauben, dass er die Stimmungen jener Wochen politisch überstehen würde.

Dass er sich dann doch noch zurück ins politische Geschäft kämpfen konnte, lag weniger an der Solidarität der LGBTI*-, sondern an den Appellen aus der jüdischen Community, die erklärten, nicht auf ihn als unverzichtbaren politischen Streiter gegen Antisemitismus verzichten zu wollen.

Es ist also auch der jüdischen Minderheit zu verdanken, dass Volker Beck ein Jahr später die entscheidende Wende zur „Ehe für alle" einleiten konnte. Die jüdische Community hat bei Deutschlands Lesben und Schwulen noch was gut!

Nollendorfblog vom 5. März 2016
noch 482 Tage bis zur „Ehe für alle"

„Beck ist Moralist, er ist ein Symbol, daran wird er gemessen." Kurt Kister, *SZ*

„Volker Beck ist ein Moralist, der das Fehlverhalten anderer konsequent anklagt und der bedingungslos austeilt."
Carolin Nieder-Entgelmeier, *Neue Westfälische*

„Der tiefe Fall eines selbstverliebten Moralapostels"
Michael Paulwitz, *Junge Freiheit*

„Der tiefe Fall des Moralapostels Beck"
Vera Lengsfeld, *Achse des Guten*

„Der grüne Moralist Volker Beck hat ein Drogenproblem." Birgit Baumann, *Der Standard*

„Der Sündenfall des Moralisten Volker Beck"
Reinhard Mohr, *BZ*

„Beck ist ein Moralist – und er kann kräftig austeilen."
Malte Lehming, *Tagesspiegel*

„Moralpolitiker Beck"
Jörg Kallmeyer, *Leipziger Volkszeitung*

„Seine Moralreden wird man nicht vermissen."
Frank Wahlig, *SWR*

Ein Moralist ist im heutigen Sprachgebrauch jemand, der sich moralisch über andere erhebt, jemand, der das Leben der anderen unter moralischen Gesichtspunkten betrachtet, bewertet oder sanktionieren will.

Volker Beck ist das Gegenteil eines Moralisten. Wie nur wenige Politiker in Deutschland hat er konsequent dafür gekämpft, dass alle Lebensweisen gleichwertig zu behandeln sind. Er hat eben nicht seine Moral über die der anderen gestellt, sondern – wie nur ganz wenige Politiker in Deutschland – sich auch für die Minderheiten eingesetzt, die seiner eigenen Lebensform traditionell ablehnend gegenüberstehen. Er hat sich eben nicht als besserer Mensch präsentiert, sondern als einer, der moralische Kategorien und Zurechtweisungen zu überwinden versucht. Und er hat, anders als etwa die *taz* diese Tage in einem Artikel behauptet, eben nicht stets „hohe moralische Ansprüche" an die politischen Gegner angelegt, sondern dafür gestritten, dass die gleichen Maßstäbe für alle angelegt werden.

Er ist auch schon deswegen eher eine Art Anti-Moralist, weil er im Endeffekt nicht zwischen gut und böse unterschieden hat, sondern zwischen gerecht und ungerecht. Er ist – wenn überhaupt – ein Rechtsfetischist, kein Rechthaber, sondern ein Rechtskenner & -erklärer, jemand, der Menschenrechte universell und nicht opportunistisch eingefordert hat.

Wer sich jetzt moralisch über Volker Beck erhebt, weil dieser angeblich ein Moralist gewesen sei, will nicht sehen, was Volker Beck da eigentlich all die Jahre gemacht hat. Das, was sie Moralismus nennen, ist in Wahrheit Beständigkeit, Hartnäckigkeit,

Prinzipienfestigkeit. Und die Bereitschaft, sich für die Sache auch unbeliebt zu machen. Unbeliebt, weil man immer wieder verständlich machen muss, was andere nicht verstehen wollen. Weil die anderen uns nicht so wollen, wie wir sind. Das nervt. Weil Aktivismus nervt, nerven muss. Wer jetzt Volker Becks Verdienste lobt, aber eine größtmögliche Distanz einnimmt zu der Art, wie er sie erreicht hat, der muss sich bewusst machen, dass diese Verdienste ohne diese Art so nicht vorstellbar sind.

Was die politischen und feuilletonistischen Homorechte-Relativierer Moralismus nennen, ist in Wahrheit nichts anderes als die Edelfeder-Version der Stammtisch-„Ich hab ja nichts gegen Schwule, aber"-Parole: Es ist eine seufzende Hoffnung, dass jetzt endlich bald mal Schuss ist mit dem anstrengenden Gemeckere und Geschreie der Homos, die doch jetzt wirklich langsam mal froh und dankbar sein sollen für das, was man für sie gemacht hat. Dankbar dafür, dass man sie erträgt.

Volker Beck soll endlich seine Klappe halten. Die Schwuchteln sollen endlich ihre Klappe halten. ∎

Um das Medienspektrum abzurunden, hier noch ein kleiner Nachschlag aus Artikeln, die kurz nach dem Blogbeitrag vom 5. März entstanden sind:

„Ein Moralist, aber nicht in eigener Sache"
Patricia Riekel, *BUNTE*

„… Volker Beck, innen- und religionspolitischer Sprecher der Grünen, ein Mann, der äußerst arrogant auftreten kann und dessen moralische Selbstgewissheit nur selten abgemildert wird durch Witz, Ironie oder irgendeine andere Artikulation der Erkenntnis, dass auch der größte Moralist sich manchmal irren kann." Claudius Seidl, *FAZ*

„Beck, der Moralist, legt an sich selbst zu niedrige Maßstäbe an." Peter Tiede, *BILD*

Das Interessante an der öffentlichen Figur Volker Beck sind die starken Gefühle, die mit seiner Person verbunden sind. Und, dass es völlig unterschiedliche Gefühle sind. Nach der „Ehe für alle" konnte man Volker Beck wochenlang dabei beobachten, wie er über das Wasser ging. Getragen auf den Händen der Community, die glücklich, dankbar und geeint war. Und auch solche, die der „Ehe für alle" kritisch gegenüber standen, weil sie eine Verbürgerlichung der Homosexuellen befürchteten und einen Rückschritt für neue Lebensformen, konnten ihren Frieden mit ihm machen. Auch sie waren froh, dass diese lähmende Auseinandersetzung endlich vorbei war. Sie konnten erfahren, dass eben nicht die Spießigkeit gesiegt hatte, sondern das Recht. Inklusive des Rechts, sich auch für Spießigkeit entscheiden zu können.

Zwischen dem Volker Beck im Sommer 2017, nach dem sicherlich eines Tages Straßen und Plätze benannt werden, und dem, bei dem es im März 2016 so aussah, als würde er in der Versenkung verschwinden, lag nicht mehr als ein gutes Jahr. Damals nach dem Drogenskandal und dem Medienbeschuss war auch ein Großteil der Community der Meinung, dass sich Volker Beck aus der Politik zurückziehen sollte.

Auch da waren sie offenbar, die starken Gefühle um Volker Beck. Reizfigur war er lange Zeit nicht nur für die politischen Gegner der Gleichstellung, sondern aus entgegengesetzten Gründen auch in der Community. Für die Gegner war er der Sektierer, der unerbittliche „Moralist", für große Teile der Community der Anbiederer. Für die einen zu radikal, für die anderen zu angepasst. Dass man es niemandem recht machen kann, liegt in der Natur von Politik. Doch das Widersprüchliche an der öffentlichen Wahrnehmung von Volker Beck geht weit darüber hinaus.

Da er lange Jahre die präsenteste Person an der Frontlinie der Auseinandersetzung um die politische Sache der Homosexuellen war, manifestieren sich hier die offenen und unterschwelligen Projektionen beider Seiten. Die Aggression der einen wie der anderen zeigt, dass es dabei um mehr ging als um unterschiedliche politische Interessen und Positionen. Deutlich wurden dadurch zwei unterschiedliche Beklommenheiten in Bezug auf die Sichtbarkeit Homosexueller. Die der Homosexuellen-Gegner und die der Homosexuellen selbst.

Nicht nur die Gegner wollen nicht, dass der Homosexuelle aus der Reihe tanzt, auch viele Lesben und Schwule zucken zusammen, wenn sie eine oder einen der ihren auf der öffentlichen Bühne sehen. Die Sicht vieler Homosexueller auf öffentliche Homosexuelle ist deshalb in einigen Aspekten auch Spiegelbild ihrer homophoben Widersacher. Darüber hinaus ist es aber auch ein Konglomerat spezifischer Beweggründe und Reflexe: der Unwille davor, vereinnahmt zu werden, das Gefühl, dass sich da jemand anmaßt, für mich zu sprechen, die Sorge, mitverantwortlich und gemein gemacht zu werden für das, was die Person sagt. Genauso aber auch für das, was sie nicht sagt, für das, was man ihr unterstellt, für das, was sie bei anderen auslösen mag.

Die Distanz zum öffentlichen Homosexuellen ist auch in der reflektierten Wachsamkeit tief begründet, die das eigene öffentlich Homosexuell-Sein begleitet. Auch kann sie verbunden sein mit unmerklichem Neid, dass da jemand macht, was ich nicht mache, sich etwas traut, was ich mich nicht traue. Neid, weil der es ja einfach hat, weil er ja leicht reden hat, weil er mit seinem Anderssein Geld und Aufmerksamkeit verdient, während ich mich dafür rechtfertigen muss.

Der tägliche Hass, der Menschen wie Volker Beck im aktiven Kampf entgegenschlägt, ist immens. Wohl niemand, der nicht in einer solchen Position ist, kann sich eine Vorstellung davon machen. Aber jeder Homosexuelle ahnt diesen Hass und ahnt auch, dass dieser Hass auch einem selbst gilt und dass einer wie Volker Beck ihn stellvertretend abbekommt. Mit jemandem wie Volker Beck nichts zu tun haben zu wollen, entspringt einem natürlichen Schutzbedürfnis. Dass es diesen Schutz nicht gibt, macht es nicht besser. Ist es nicht merkwürdig, wenn selbst Volker Beck, der Anzugträger, der Biedere, der Konformist, der, der nie über Privates, der auch nie über seine Sexualität spricht, wenn selbst der für seine Nonkonformität gehasst, wenn er als Provokation empfunden wird? Was ist das für ein Land, in dem das Bild vom schlimmen Schwulen das Bild von Volker Beck ist?

Volker Beck konnte sein Verbleiben im Bundestag bis zum Ende der Legislaturperiode retten, darüber hinaus aber nicht. Die Landespartei in NRW wollte ihm für die Bundestagswahl 2017 keinen sicheren Listenplatz geben. Es stimmt schon, keiner ist in der Politik unersetzlich. Aber es stimmt eben auch, dass keiner für den politischen Kampf Homosexueller weniger ersetzbar war als Volker Beck. Natürlich war es wichtig, dass andere nachkommen. Natürlich war es wichtig, dass weder die Bewegung noch die Grünen sich in diesem Thema zu abhängig von einer

Person machen. Aber all dies muss man in Relation setzen zur historischen Situation der rechtlichen Gleichstellung im Jahr 2017.

Deutschland war eines der wenigen großen westlichen Länder, in denen diese noch nicht umgesetzt war. Es galt als wahrscheinlich, dass die „Ehe für alle" einer der großen Streitpunkte der nächsten Koalitionsverhandlungen werden würde. Gleichzeitig galt es auch als wahrscheinlich, dass die Grünen an der nächsten Bundesregierung beteiligt sein würden. Und wenn nicht, dann wäre es um so wichtiger, dass sie in der Opposition stark bei diesem Thema aufgestellt sein würden, weil absehbar war, dass die AfD erstmalig in den Bundestag kommt und die sehr wahrscheinlich regierungsführende Union verleitet worden wäre, sich noch mehr gegen die „Ehe für alle" zu profilieren. Es würde also, und hier kommt meine erste und letzte Fußballmetapher, nach unzähligen Verlängerungen im alles entscheidenden Spiel endlich zum Elfmeterschießen kommen. In einer solchen Situation stimmt es eben nicht, dass jeder ersetzbar ist; in einer solchen Situation darf man erwarten, dass nicht der vom Spielfeld gestellt wird, der es am besten kann.

Ich weiß, dass Parteien, erst recht die Grünen, keine stringent operierende Wesen sind, dass sie nicht nach Logik und Plan eines Masterminds funktionieren. Es geht mir ausdrücklich nicht um ein Grünen-Bashing, denn für keine andere Partei gehören LGBTI*-Rechte so sehr zum Selbstverständnis. In keiner anderen Partei fühlt sich auch noch der dem Homo-Thema fremdeste Politiker so natürlich verbunden und ist so fit, noch in den kleinsten Details. Es hat keine Verschwörung gegen Volker Beck gegeben, aber es gab auch keine Stimmung, keine Bewegung, die sagte: „Das können wir jetzt nicht machen, wir müssen da irgendeine Lösung finden, es kann doch nicht sein, dass ausgerechnet jetzt im entscheidenden Kampf um die rechtliche Gleichstellung der entscheidende Kämpfer nicht mehr dabei sein soll."

Es geht mir bei all dem nicht mal um Volker Beck. Ich finde, der Fall Volker Beck ist ein Symptom dafür, wie wenig Lesben und Schwule sich auf große Teile des linksliberalen Milieus verlassen können, wenn es wirklich zur Sache geht. Der Fall Beck ist auch ein Symptom dafür, wie satt dieses Milieu das Homo-Thema hat. Wie sehr die gesamtgesellschaftliche Stimmung, dass doch nun irgendwann mal Ruhe sein müsse, dass doch nun wirklich genug getan worden sei, dass es nun doch wirklich Wichtigeres gebe als diese „Ehe für alle", sich auch in den links-liberalen Kreisen verfestigt hat.

Durch die sogenannte Flüchtlingskrise gab es natürlich Dringenderes in diesen Jahren. Zudem waren alle linken Parteien, besonders die Grünen, dem Vorwurf ausgesetzt, naiv und gutmenschenhaft zu sein, und statt sich um die Realitäten zu kümmern, irgendwelchen Ideologien anhängen. Die „Ehe für alle", die seit Jahren mit dem Vorwurf befeuert wurde, Teil einer Gender-Ideologie zu sein, stand nun da wie ein Luxusproblem. Die Homosexuellen hatten doch eigentlich so gut wie alles erreicht, sie musste man nicht mehr vor Diskriminierung schützen. Dafür aber andere vor der Diskriminierung durch sie. Das war die Stimmung, die auch der grüne Tübinger Oberbürgermeister Boris Palmer verbreitete. Im Juni 2015 schrieb er in einem Gastbeitrag in der *FAZ* unter der Überschrift „Entspannt Euch":

„Mit Verständnis für die Menschen, die sich damit noch schwer tun, wird das Ziel leichter erreichbar. Es hilft der Sache nicht, den Vorwurf der Homophobie sofort auszupacken, wenn man sich kritisch über das volle Adoptionsrecht für Schwule und Lesben äußert oder an der (weitgehend von der Wirklichkeit überholten) Vorstellung einer besonderen Vorrangstellung der Ehe festhält."

Das, was da so versöhnlich klingt, ist in Wahrheit eine neue Legendenerzählung, die es schafft, Homosexuellen die Schuld in die Schuhe zu schieben für die miese Stimmung gegen sie. Die Logik dahinter lautet: Obwohl viele Menschen gar nicht homophob sind, müssen sie sich das dauernd vorwerfen lassen. Und da sie das leid sind, muss man verstehen, dass sie sich gegen Homosexuelle wehren. Homophobie nicht aus Homophobie, sondern aus Notwehr.

Der zweite Teil der Legende geht so: Nur weil man gegen die Homo-Ehe ist, ist man noch lange nicht homophob. Klingt plausibel und sicher ist, dass das mal so war. Aber konnte man das auch noch für die Jahre 2015, 2016 sagen, in denen die „Ehe für alle" in vielen westlichen Ländern seit vielen Jahren Realität war, ohne dass irgendwelche der gegen sie angeführten Vorbehalte sich bewahrheitet hätten? Welche der in dieser Zeit immer wieder genannten Argumente für die „Besondere Vorrangstellung der Ehe" sollten das sein, die Bürgermeister Palmer da meint?

Der „Schutz der Familie", das Sorgen um die „Keimzelle des Staates", das Engagement für mehr Kinder? Das Beharren auf eine „natürliche Ordnung"? Das Infragestellen einer Diskriminierung homosexueller Paare? Die Erklärung der Zweigeschlechtlichkeit als etwas „Wünschenswertes"? Die Rücksichtnahme auf Traditionen, auf „religiöse Gefühle"? Welche sind das, die nicht auf Ressentiments beruhen, darauf, dass Anders-Gleiches nicht gleichwertig sein darf? Welches dieser Argumente ist im Kern nicht homophob?

Und was ist mit dem immer wieder vorgebrachten Verweis darauf, dass es gerade Wichtigeres gebe? Dass es jetzt um ganz andere Themen gehe, um die sich die Politik jetzt kümmern müsse? Wenn das wirklich ein Argument gegen die „Ehe für alle" gewesen wäre, dann hätte das ja bedeuten müssen, dass irgendwelche anderen wichtigeren Belange dadurch an Wichtigkeit hätten verlieren müssen, dass irgendwelche anderen politischen Ziele darunter leiden müssten, wenn man sich darum kümmert, dass Lesben und Schwule jetzt heiraten dürfen. Das „Gibt es nichts Wichtigeres? / Habt Ihr keine andere Sorgen?"-Argument ist eines der problematischsten. Es impliziert, dass anderen etwas weggenommen würde, wenn Homosexuelle das Gleiche dürften, wenn sie gleiche Rechte besäßen. Dass diese Haltung auch von vielen derjenigen im links-liberalen Politikspektrum übernommen wurde, von Politikern und Journalisten, die von sich behaupteten, für die Eheöffnung zu sein, zeigt, wie egal bis lästig ihnen das Ganze eigentlich war.

Dass der Bundestag in der 18. Wahlperiode 555 Gesetze verabschiedete und sich Lesben und Schwule dafür rechtfertigen mussten, dass ihre Gleichstellung eines davon war, ist ein Erfolg der Rechten und Konservativen, die es vermochten, ihre Haltung zur Gleichstellung zum wichtigen Baustein ihrer Agenda, zur Identitätsfrage zu machen. Aber noch mehr liegt es darin begründet, dass genau das den Linken und Liberalen in Deutschland eben nicht gelang.

Der moralisierende, der sich in den Vordergrund spielende, egoistische, der enervierende Homo, das ist das Bild, das in den letzten Jahren in Talkshows und Zeitungsartikeln gezeichnet wurde, wenn es um die Auseinandersetzung um gleiche Rechte ging. Auch und gerade von den angeblich Wohlmeinenden. Es war nicht so, dass es Charaktereigenschaften eines Volker Beck waren, die dann auf den Rest der Community übertragen wurden. So stilprägend war seine Rolle nicht. Es war umgekehrt: Da man Homosexuellen unterstellte, moralisierend, egoistisch und enervierend zu sein, war es das, was man ihrem wichtigsten politischen Vorkämpfer anheftete. So war es möglich, sich einzureden, dass man kein Problem mit Homosexuellen hat, sondern nur mit diesem einen.

Wie mächtig dieses Bild war, wie groß die Aggressionen auf Volker Beck waren, wird deutlich, als er von seiner Partei einfordert, das Bekenntnis zur Gleichstellung durch einen bindenden Beschluss abzusichern. Auf dem Bundesparteitag der Grünen am 18. Juni 2017 beantragt er eine Festlegung auf die „Ehe für alle" als eindeutige Koalitionsbedingung für mögliche Verhandlungen nach der Bundestagswahl.

In der *Zeit* schreibt Matthias Lohre unter der Headline „Und dann kam Volker Beck":

„Die Grünen wollten auf ihrem Parteitag Einigkeit demonstrieren und ihre schlechten Umfragewerte vergessen lassen. Doch ein Mann machte fast alles zunichte."

Er beschreibt Beck wie ein wildes Kind, das aus reinem Eigennutz und Zerstörungswahn die Party sprengt. Alle können sich benehmen, nur der Schwuli nicht.

„So sah es also lange danach aus, als schnurre der Parteitag geräuschlos vor sich hin. Sogar [der Ministerpräsident Baden-Württembergs] Kretschmann, der linken Parteifreunden in Nordrhein-Westfalen vor Kurzem einen ‚gesinnungsethischen Überschuss' attestiert hat, hielt sich zurück. Dann kam Volker Beck."

Und: „Auch in den kommenden drei Monaten werden die Grünen alles versuchen, um geeint und entschlossen zu wirken. Zumindest die meisten von ihnen."

Man kann Lohre nicht vorwerfen, dass er damals nicht wissen konnte, was wir heute wissen: dass Volker Beck mit dieser Initiative (die ursächlich den Weg für die „Ehe für alle" einläutete und überhaupt erst möglich machte) seine Partei nicht in eine Zerreißprobe geschickt hat, sondern ihr im Gegenteil zu einem der größten Momente des Geeint- und Entschlossen-Seins verhalf.

Dass aber ausgerechnet die *ZEIT* just an dem Tag nur Destruktivität erkennen kann, der erstmalig nach über zehn Jahren Bewegung in eine Sache bringt, die doch aus der Perspektive einer liberalen Zeitung eines des überfälligsten zu bewegenden Projekte sein müsste, ist bezeichnend. Dass der Text auf dem zu diesem Zeitpunkt fast nur noch von ihren Gegnern benutzten Wort „Homo-Ehe" beharrt, fällt dabei schon gar nicht weiter auf. Denn die komplette Argumentation läuft darauf hinaus, was für eine Zumutung das Beharren auf die Gleichstellung für die Regierungsbildung bedeuten würde:

„Für die Grünen ist die rechtliche Gleichbehandlung gleichgeschlechtlicher Paare ein wichtiges und unstrittiges Thema. Die Union hingegen sperrt sich dagegen. Becks Vorschlag hat also das Zeug, ein schwarz-grünes Bündnis oder eine Jamaika-Koalition zu verhindern."

Auf die Idee, was für eine Zumutung eine Bundesregierung unter grüner Beteiligung ohne die Einlösung des Versprechens der „Ehe für alle" wäre, kommt der Autor genau so wenig wie auf die eigentliche Absicht Becks: Dass nun endlich mal Druck in die Sache muss, dass dieser Druck auch die anderen Parteien unter Druck setzen wird und sich für die Grünen nun endlich ein Szenario auftun kann, mit dem sie nach dem Atomausstieg eine ihrer nächsten, ureigensten Visionen umsetzen können.

Volker Beck hatte eine Kettenreaktion eingeleitet: Nach den Grünen legte sich auch die FDP auf die „Ehe für alle" als Koalitionsbedingung fest, der Union fehlte ohne die Bereitschaft zur Öffnung der Ehe eine Machtoption und Angela Merkel sprach sich für eine freie Abstimmung in der nächsten Legislaturperiode aus. Diese Aussage hatte der neue SPD-Vorsitzende Martin Schulz zum Anlass genommen, die Entscheidung noch in der zu Ende gehenden Legislatur zu suchen.

Nein, Zeitungen wie die *ZEIT* sind nun wirklich nicht schuld, dass es mit der „Ehe für alle" in Deutschland so lange gedauert hat. Aber wer verstehen will, warum das so war, findet wichtige Hinweise in der Art und Weise, wie Deutschlands liberale, fortschrittliche Zeitungen mit dem Thema umgegangen sind. Oder besser: wie sie nicht damit umgegangen sind. Nicht nur diese Zeitungen, sondern auch das von ihr repräsentierte liberal-aufgeklärte Deutschland hat eines der wichtigsten emanzipatorischen Projekte zu einem Großteil einfach nicht als ihr Projekt erkennen können und sehen wollen.

FORTSCHRITT

Anders als in Deutschland waren in den USA Heteros die sichtbarsten Verfechter der „Ehe für alle", und zwar auch schon dann, als ihre Position noch nicht von der Mehrheit der Bevölkerung geteilt wurde. Der damals wohl prominenteste US-Schauspieler Brad Pitt, der auch 77.000 Dollar für eine Kampagne zur Legalisierung der Ehe für Homosexuelle spendete, machte bereits 2006 mit dem Satz Schlagzeilen, Angelina Jolie und er würden erst dann heiraten, „wenn wirklich jeder in den USA das Recht dazu hat." Pitt, der für seine Haltung erhebliche Kritik einstecken musste, begründete diese damit, dass er das „Privileg" hatte, mit ansehen zu dürfen, „in welch liebevoller Umgebung die Kinder meiner homosexuellen Freunde aufwachsen."

Vergleichbar wirkungsvolle und starke Positionierungen hat es in Deutschland nicht gegeben, und selbst wenn sich deutsche Künstlerinnen und Künstler zu einer Unterstützung der „Ehe für alle" breitschlagen konnten, dann vermieden sie meist das klare Bekenntnis zum Recht, auch Kinder adoptieren zu dürfen. Als die „Ehe für alle" 2015 in den Vereinigten Staaten durch ein Urteil des Obersten Gerichtshofes Realität wurde, nutzte auch der Schauspieler und ehemalige republikanische Gouverneur von Kalifornien, Arnold Schwarzenegger, das Facebook-Tool, mit dem man sein Profilbild in Regenbogenfarben erscheinen lassen konnte. Schwarzenegger verwendete dabei ein Foto, das ihn als Kämpfer in seiner *Terminator*-Rolle zeigte, und auch auf einen wütenden Kommentar („What's wrong with U Arnie? I have to unlike …"), antwortete er als Terminator: „Hasta la vista."

Die Reaktion Schwarzeneggers war sinnbildlich für die intensive Beschäftigung, der sich das Land mit dem Thema Gleichstellung zehn Jahre lang ausgesetzt hatte. Wie Schwarzenegger waren zehn Jahre vorher die meisten Amerikaner gegen die Eheöffnung gewesen. 2015, nach der Entscheidung des Supreme Court, waren dann nach einer Umfrage von *Wall Street Journal* und dem Fernsehsender *NBC* 57 Prozent dafür.

Dass sich Amerika in Sachen gleiche Rechte einen Ruck geben wollte, während in Deutschland eher das Gegenteil eines Handlungsdrucks zu beobachten war, hat auch damit zu tun, dass damals in Deutschland Fragen gestellt wurden, die man in den USA endlich hinter sich lassen wollte.

Nollendorfblog vom 14. Juni 2013
noch 1477 Tage bis zur „Ehe für alle"

Eine Frage:
   „Wieso fordert eigentlich jemand gleiche Rechte für alle, wenn er sonst so viel Wert aufs Anderssein legt?"
Eine Antwort:
   „Ich halte nicht viel von Gleichheit in allen Dingen, nur vor Gleichheit vor dem Gesetz"

Die Frage ist aus einer Talkshow. Die Antwort aus einem Film. Die Talkshow *hart aber fair* fand im letzten Dezember statt und hatte das Thema Gleichstellung der Ehe. Im Film *Lincoln* von Steven Spielberg, der gerade zwei „Oscars" gewann, ging es um die Abschaffung der Sklaverei gegen Ende des amerikanischen Sezessionskrieges 1865.

Bevor bereits jetzt schon die ersten Protest-Kommentare geschrieben werden: Nein, die Abschaffung der Sklaverei in den USA ist natürlich nicht zu vergleichen mit der Gleichstellung der Ehe für Homosexuelle.

Und doch sind die beiden Ereignisse verbunden als Meilensteine in der Emanzipationsgeschichte, dem Siegeszug von Gleichheit und Gerechtigkeit in der abendländischen Kultur. Geht's auch etwas kleiner?

Nein!

Im Film bemühen sich Präsident Abraham Lincoln und seine Mitstreiter darum, die notwendige Zweidrittelmehrheit im Repräsentantenhaus für den 13. Verfassungszusatz zu organisieren, der das Ende der Zwangsarbeit besiegeln soll.

Es gibt mehrere Parlamentsdebatten, immer wieder kommt es zu Tumulten. In der entscheidenden Sitzung vor der Abstimmung wird dem Abgeordneten Thaddeus Stevens (gespielt von Tommy Lee Jones) von den Gegnern der Abschaffung sinngemäß die Frage gestellt, mit der dieser Blogbeitrag beginnt: „Warum soll gleich sein, was doch offensichtlich so anders ist?"

Stevens Antwort, es gehe hier allein um die Gleichheit vor dem Gesetz, löst Empörung aus: „Und was soll danach kommen? Gleiche Rechte für Schwarze? Etwa das Wahlrecht für Frauen?"

Ja, genau das sollte danach kommen.

Eine Gleichstellung von Homosexuellen war damals noch viel weniger vorstellbar. Aber genau darum geht es, wenn politisches Denken und Handeln gefragt ist, wenn gerade Geschichte passiert: erkennen zu können, wann es um Freiheit und Gerechtigkeit geht, auch dann, wenn es noch schwer sichtbar ist. Oder gerade dann. Das war bei den Frauenrechten so und auch bei der Wiedervereinigung.

Das Ende der Sklaverei beendete nicht die Diskriminierung der Schwarzen, aber sie war eine entscheidende Voraussetzung dafür, dass diese immer weiter abgebaut werden konnte. Das Ende der Sklaverei trug nicht nur dazu bei, den Sezessionskrieg mit Hunderttausenden schwarzen und weißen gefallenen Amerikanern zu beenden, sondern war das sichtbare Zeichen dafür, dass Verfolgung von Afroamerikanern, die immer wieder bis zur Ermordung führte, im Widerspruch zur Verfassung stand.

Die Gleichstellung der Ehe bedeutet für Homosexuelle nicht nur, dass sie heiraten dürfen, sondern dass sie volle Bürgerrechte bekommen. Die, die da gerade so fröhlich drauf pfeifen, müssen sich ja nicht mit den unzähligen verfolgten und ermordeten Homosexuellen in den vergangenen Jahrhunderten verbunden fühlen. Aber sie sind es.

In der Parlamentsdebatte zur Sklaverei im *Lincoln*-Film lautet der Widerspruch zu Stevens' Forderung nach Gleichheit vor dem Gesetz:

„We shall oppose this amendment and any legislation that so affronts natural law, insulting to God as to man, abolition claimed. Congress must never declare equal those whom God created unequal."

(In der deutschen Fassung:)

„Wir werden diesem Artikel eine Abfuhr erteilen, so wie allen Entwürfen, die einen Affront gegen das Naturrecht darstellen. Eine Kränkung Gottes sowie des Menschen. Der Kongress darf niemals diejenigen als gleich bezeichnen, die Gott als ungleich schuf."

Wenn man *Lincoln* nicht sehen, sondern nur hören würde, könnte man in weiten Strecken denken, man würde gerade eine aktuelle Debatte zur Ehe-Gleichstellung verfolgen. Das wird kein Zufall sein. Das Drehbuch hat Tony Kushner verfasst, einer der erfolgreichsten Theaterautoren, der mit *Angels in America* über Aids in den 1980ern eines der erfolgreichsten „schwulen" Theaterstücke geschaffen hat und mit der Adaption zur HBO-Fernsehfilmreihe in Amerika Fernsehgeschichte schrieb. Der Film *Lincoln* entstand in der Zeit, als die Frage der „Gay Rights" die amerikanische Nation spaltete. Was die Sklaverei, wie der Vorspann erklärt, zu ihrer Zeit auch tat.

Aber die Geschichte von *Lincoln* ist eben keine einfache Parabel zur Gleichstellung Homosexueller. Es ist viel mehr: ein Film über die Geschichte der Emanzipation.

Der Spielberg-Film *Lincoln* mit seiner Darstellung von Fortschritt als eine universelle Erzählung, die auch die heutigen Herausforderungen bis hin zur Situation Homosexueller beschreibt, ist ein Beispiel dafür, wie gegensätzlich die Auseinandersetzung mit diesen Herausforderungen in Amerika im Vergleich zu Deutschland erfolgt ist. Das Niveau, die Intensität, das Sich-zuständig-Fühlen, die Vielfalt der medialen, künstlerischen und intellektuellen Stimmen machen deutlich, woran es in Deutschland gefehlt hat. Die mangelnde Fähigkeit der deutschen fortschrittlichen Kräfte, in der Frage der Homosexuellen eine Fortschrittsfrage zu erkennen, ist tragisch für die Homosexuellen, aber auch für die Fortschrittlichen selbst. Das gilt für die Künstler, die Intellektuellen und auch für das politische Führungspersonal.

Als ich Ende Mai 2017 bei der Bundestagsfraktion der Partei Die Linken nachfragte, warum es von deren Spitzenkandidatin Sahra Wagenknecht für die Wahl zum Bundestag 2017 keine einzige Grundsatzrede gebe, bei der sie die „Ehe für alle" zum Thema macht (man muss zur Erinnerung bedenken, dass man damals ja noch davon ausging, dass es eines der umstrittenen Themen im Wahlkampf sein würde), antwortete mir Wagenknecht selbst mit der Auskunft, dass sie dafür nicht zuständig sei: „Sowohl innerhalb der Fraktion als auch im Fraktionsvorstand gibt es eine thematische Arbeitsteilung und das halte ich auch für sinnvoll. Anders ließe sich die Arbeit gar nicht bewältigen."

Die SPD wiederum hatte wie die Linke die Eheöffnung lange im Parteiprogramm, aber es gelang ihr trotz Regierungsbeteiligung lange Jahre nicht, sie durchzusetzen. Wollte sie nicht oder konnte sie nicht? Die sozialdemokratischen Teilnehmer an den Verhandlungen zur Großen Koalition 2013 beteuern, alles versucht zu haben, aber auf den erbitterten Widerstand der Union gestoßen zu sein. Auch in der Regierung selbst sei man immer wieder mit entsprechenden Vorstößen abgeblitzt. Doch wie ernsthaft waren diese Versuche? Hat sich die SPD da wirklich mit ganzer Kraft reingeschmissen, weil es ihr, wie sie damals behauptete, um eines ihrer zentralen Anliegen ging?

Nach allem, was heute sichtbar wird, kann man davon ausgehen, dass dem nicht so war. Zumindest nicht, so lange der SPD-Vorsitzende Sigmar Gabriel hieß. Erst nach der Bundestagswahl 2017 zeigt sich, welches Glück es war, dass die „Ehe für alle" bereits davor besiegelt werden konnte. Und dass, neben dem Anteil von Volker Beck, der Anteil von Martin Schulz wohl ein entscheidender war. Dass zu dem Zeitpunkt der Eheöffnung mit Katarina Barley eine Frau als Familienministerin zuständig war, die das Amt noch keinen Monat innehatte und es eigentlich nur bis zum nahen Ende der Legislaturperiode geräuschlos zu Ende führen sollte, ist eine schöne Ironie der Geschichte. Der sichtliche Stolz, den Barley auf das unerwartet in ihrer kurzen Amtszeit gelandete historische Ereignis zeigte, tat nicht nur ihr, sondern auch der „Ehe für alle" gut.

Sigmar Gabriel jedoch ist ein gutes Beispiel dafür, wie sehr die Linken in Deutschland mit der homosexuellen Emanzipation fremdeln. Ja, wie sehr sie es nicht einmal als ein originär linkes Thema sehen wollen. Gabriel selbst ging nach der Bundestagswahl sogar einen Schritt weiter und konstruierte mit seinem *SPIEGEL*-Beitrag „Sehnsucht nach Heimat", in dem er eine neue Positionierung für seine Partei fordert, einen bemerkenswerten Gegensatz zwischen klassisch linken Themen und der Eheöffnung.

Der folgende Blogbeitrag entstand nach den gescheiterten „Jamaika"-Verhandlungen von Union, FDP und Grünen im Winter 2017. Die SPD hatte sich nun doch gegen ihre ursprünglich erklärte Weigerung zu Sondierungsgesprächen mit der CDU/CSU bereit erklärt. Die Sozialdemokraten waren 2017 nach zwei schwachen Bundestagswahlen auf ein neues Rekordtief von 20,5 Prozent (2013: 25,7 Prozent) abgestürzt.

Als der Blogbeitrag entsteht, ist die Bundestagswahl ein paar Wochen her, die „Ehe für alle" ist noch kein halbes Jahr beschlossen.

Nollendorfblog vom 16. Dezember 2017
169 Tage seit der „Ehe für alle"

Man stelle sich vor, die Gleichstellung wäre noch nicht da und jetzt gäbe es Koalitionsverhandlungen zwischen Union und SPD. Und die Sozialdemokraten würden ihre kalten Füße, die sie aus Angst vor ihrem Bedeutungsverlust haben, versuchen dadurch zu durchbluten, dass sie gegen Minderheiten treten. So wie Sigmar Gabriel, geschäftsführender Außenminister und ehemaliger Parteivorsitzender, es seinen Genossen heute in einem SPIEGEL-Artikel empfiehlt.

„Das Übermaß, die Radikalität der Postmoderne ist es, die das Unbehagen nährt", schreibt Gabriel und vertuscht nur oberflächlich, dass er damit auch die Gleichstellung Homosexueller meint. Schon im nächsten Absatz heißt es:

„Auch wir haben uns kulturell als Sozialdemokraten und Progressive oft wohlgefühlt in postmodernen liberalen Debatten. Umwelt- und Klimaschutz waren uns manchmal wichtiger als der Erhalt unserer Industriearbeitsplätze, Datenschutz war wichtiger als innere Sicherheit, und die „Ehe für alle" haben wir in Deutschland fast zum größten sozialdemokratischen Erfolg der letzten Legislaturperiode gemacht und nicht genauso emphatisch die auch von uns durchgesetzten Mindestlöhne, Rentenerhöhungen oder die Sicherung Tausender fair bezahlter Arbeitsplätze bei einer der großen Einzelhandelsketten."

Das ist erstens gelogen.

Denn es gab Kampagnen, Pressekonferenzen, die die sozialpolitischen Erfolge der SPD in der großen Koalition herausstellen sollten. Die SPD war stolz, sie hat es jedem erzählt. Es wollten aber offensichtlich weniger Menschen hören, als sich das die Partei unter ihrem Chef Sigmar Gabriel gewünscht hätte. Und daran soll jetzt ernsthaft die „Ehe für alle" Schuld sein? Oder der Stolz der SPD, sie mit ermöglicht zu haben? Ernsthaft?

Zweitens stimmt es politisch nicht.

Bei den Themen Umwelt- und Klimaschutz geht es um Verteilungskämpfe. Klimaziele haben mit Arbeitsplätzen zu tun. Jede Entscheidung in diesen Bereichen nimmt den einen und gibt den anderen. Hier prallen unterschiedliche Interessen aufeinander.

Das ist bei der „Ehe für alle" komplett anders. Sie ist politisch eine ganz andere Kategorie: Sie war ein überfälliger gesellschaftlicher Emanzipationsschritt. Eine Menschenrechtsfrage. Oder, um es einfacher zu sagen: Die „Ehe für alle" nimmt niemandem etwas weg. Sie führt dazu, dass die Gesellschaft humaner, gesünder ist. Für alle.

Ein Sozialdemokrat, der das nicht nur abstreitet, der sogar so tut, als wäre das Kümmern um soziale Gerechtigkeit in irgendeiner Art und Weise negativ tangiert durch das Zubilligen gleicher Rechte, kann eigentlich kein Sozialdemokrat sein.

Gabriel schreibt:

„Ich weiß, das ist alles sehr holzschnittartig und provokativ. Und ich weiß vor allem, wie wichtig Umwelt- und Klimaschutz, Datenschutz und vor allem gleiche Rechte für jedwede Art von Lebensentwürfen sind. Und trotzdem müssen wir uns in den sozialdemokratischen und progressiven Bewegungen fragen, ob wir kulturell noch nah genug an den Teilen unserer Gesellschaft dran sind, die mit diesem Schlachtruf der Postmoderne „Anything goes" nicht einverstanden sind. Die sich unwohl, oft nicht mehr heimisch und manchmal auch gefährdet sehen."

Sigmar Gabriel hat den historischen Kontext der Eheentscheidung nicht verstanden und somit auch nicht die historische Leistung der SPD. Schlimmer noch, er zertrümmert die Meriten, die sich die Partei erworben hat, und damit auch den politischen Wert, den diese im Wettbewerb der Parteien besitzen. Es waren die sozialdemokratischen Parteien, die als Erste die Forderung nach einem Frauenwahlrecht in ihr Programm aufnahmen. Und Marie Juchacz, die erste Frau, die am 19. Februar 1919 vor einem deutschen Parlament sprach, war eine Sozialdemokratin. War das auch „Anything goes"? Wo ist der Unterschied? Wieso soll es jetzt Aufgabe der SPD sein, gesellschaftliche Emanzipation zum Luxus, zur kulturellen Geschmacksfrage zu degradieren?

Gabriel bestätigt nicht nur die Ängste, die Homosexuelle davor haben, zum Prügelknaben der Populisten zu werden, zum Symptom für die Spaltungserscheinungen in der Gesellschaft gemacht zu werden.

Nach diesem Beitrag bin ich wiederholt darauf hingewiesen worden, dass meine Argumentation nicht ganz stimmt, dass es doch etwas gibt, das anderen Menschen durch die „Ehe für alle" weggenommen wird: Privilegien. Das ist natürlich richtig.

DIE NEUE HOMOPHOBIE

„Ich hab ja nichts gegen Schwule, aber." Aber was? Das Aber, wenn es denn ausgesprochen wird, geht am ehesten so: „Ich hab ja nichts gegen Schwule, aber ich finde, ihr müsst aufpassen, dass ihr es nicht übertreibt." Die, die so reden, sind auch die Wohlmeinenden. Es klingt nicht wie eine Warnung, eher wie ein freundlicher Rat. „Nichts für ungut. Aber besser nicht zu laut, zu schrill, zu nackt."

Auch wenn es unter aufgeklärten Menschen nicht ausgesprochen wird: Es gibt ein Unwohlsein vor Homosexualität, oder eher: vor ausufernder Homosexualität, denn aus Erfahrung ist mittlerweile bekannt, dass nicht jeder Homosexuelle jeder Geschlechtsgenossin, jedem Geschlechtsgenossen an die Wäsche will. Es ist nicht mehr die diffuse Angst vor dem Übergriff auf die eine Person, sondern auf das große Ganze.

Früher, sagen wir mal, bis so ein paar Jahre nach der letzten Jahrhundertwende, war das Problem bezüglich Homosexualität eher ein moralisches. Heute ist es vor allem ein quantitatives. In der alten Homophobie bedeutete Homosexualität das Fehlverhalten von Individuen, also die Tatsache, dass es Menschen gibt, die sich sexuell falsch verhalten. Heute behaupten selbst Konservative, dass sie dieses Verhalten in Ordnung finden. Die Kritik am moralischen Fehlverhalten wurde dadurch ersetzt, dass dem Homosexuellen zwar zugebilligt wird, homosexuell sein zu dürfen, aber vor einem Zuviel von Homosexualität gewarnt wird. Das ist selbstverständlich abstrus und im Kern steckt natürlich das gleiche Prinzip dahinter: die

Grundannahme, dass Homosexualität nicht richtig ist. Trotzdem ist es nicht egal, mit welcher Argumentationslogik Homosexuelle abgelehnt werden. Erst recht nicht, wenn die Basis dieser Logik das Argument ist, dass eine Ablehnung ja gar nicht existiert.

Das Reden über Homosexuelle hat sich geändert. Hinter der Annahme, Homosexualität sei etwas, das man übertreiben könne, etwas, von dem es zu viel geben könne, steckt ein Paradigmenwechsel. War Homosexualität, entweder aus religiöser oder aus gesellschaftlicher Sicht betrachtet, früher vor allem Sünde oder öffentliches Ärgernis, wird sie heute problematisiert wie eine Droge, wie eine Ideologie, die die Gesellschaft zersetzt. So schön es für Lesben und Schwule sein mag, nicht mehr hauptsächlich als Sünde oder Krankheit betrachtet zu werden, so sehr muss man sich auch fragen, ob die neu Sichtweise tatsächlich eine harmlosere ist.

Der Transfer des Homosexuellen vom Sünden- zum Ideologiewesen hat im deutschen Diskurs ausgerechnet ein Mann des Glaubens vorangetrieben. Für den in der deutschen Wahnkultur des Paragrafen 175 sozialisierten Papst Benedikt XVI. war der Kampf gegen Homosexualität nicht irgendein Anliegen. Kaum ein anderes Thema prägte sein Pontifikat so wie dieses; es war für ihn eine Art Entscheidungskampf. In seiner Rede am Tag vor Heiligabend 2008 an Kurienmitglieder im Vatikan beließ er es nicht dabei, vor den zersetzenden Folgen der Homosexuellenehe zu warnen. Es war eine Rede über das Überleben der Menschheit; es ging um die verheerenden Folgen der Umweltzerstörung. Er sprach von der Vernichtung der Lebensgrundlagen, von der Abholzung der Regenwälder. Doch dieses Ökologie-Inferno diente im Endeffekt nur als Vorlage für die Beschreibung der eigentlichen Katastrophe:

„Die Regenwälder brauchen unseren Schutz, aber auch der Mensch als Schöpfung verdient nicht weniger." Die Kirche müsse den Menschen „vor der Zerstörung seiner selbst bewahren", und diese Zerstörung, daran ließ Benedikt keinen Zweifel, gehe von der Zerstörung der klassischen Ehe aus. Um diese zu retten, forderte er eine „Ökologie des Menschen": „Es ist nicht überholte Metaphysik, wenn die Kirche von der Natur des Menschen als Mann und Frau redet und das Achten dieser Schöpfungsordnung einfordert." Benedikt weiter: „Nicht der Mensch entscheidet, nur Gott entscheidet, wer Mann und wer Frau ist." Die Menschheit müsse auf „die Stimme der Schöpfung" hören, um die vorgegebenen Rollen von Mann und Frau zu verstehen. Alles andere komme „einer Selbstzerstörung des Menschen und der Zerstörung von Gottes Werk selbst" gleich.

Dass Homosexuelle Grund für alles mögliche Übel sind, war bekannt. Dass sie aber so etwas wie der Grund allen Übels, dass mit ihnen das Schicksal der Menschheit verbunden ist, das war in dieser Zuspitzung neu. Neu war auch, dass durch die Einführung des Ökologie-Begriffes die Abwehr der Homosexualität nun keine rein moralisch-religiöse Kategorie mehr war, sondern vor allem eine universal-politische. Benedikt stützt sich in seiner Argumentation nicht mehr auf die Wahrheit der Bibel, sondern auf die Wahrheit der Naturgesetze. Statt Bibelstellen zieht er nun die Existenz eines vermeintlichen allgemeingültigen Naturrechts heran. Jenes Naturrecht, das in Spielbergs *Lincoln*-Film für die Legitimität der Sklaverei herhalten musste.

Durch diese vermeintlich weltliche Argumentationsweise gelingt ihm nicht nur der Schulterschluss mit anderen Weltreligionen, die er als Verbündete für seine Mission benötigt. Der Kampf gegen Homosexuelle als Rettung der Ökologie des Menschen ist nun auch politisch dort darstellbar, wo religiöse Überzeugungen keine Rolle spielen. Das Eindämmen der Menschheitsgeißel Homosexualität ist dank dieser Positionierung auf einer anderen Diskussionsebene Gegenstand konkreter politischer Aktivitäten, die weit über die Bemühungen um die Verhinderung von Homosexuellenehen hinausgehen.

Als der Papst 2011, knapp drei Jahre später, vor dem Deutschen Bundestag sprechen darf, wiederholt er fast wortgleich seine Ökologie-These: „Die Bedeutung der Ökologie ist inzwischen unbestritten. Wir müssen auf die Sprache der Natur hören und entsprechend antworten. Ich möchte aber nachdrücklich einen Punkt noch ansprechen, der nach wie vor weitgehend ausgeklammert wird: Es gibt auch eine Ökologie des Menschen."

Diesmal spricht er seine daraus resultierende Forderung, den notwendigen Kampf gegen die Homosexualität, nicht aus. Doch nicht nur wer weiß, wozu er diesen Gedanken ursprünglich eingeführt hat, hätte erkennen können, was er da eigentlich fordert:

„Auch der Mensch hat eine Natur, die er achten muss und die er nicht beliebig manipulieren kann. Der Mensch ist nicht nur sich selbst machende Freiheit. Der Mensch macht sich nicht selbst."

Selbst die Grünen haben dem Papst nach dieser Rede mehrheitlich stehenden Applaus gespendet, wohl in der Annahme, da hätte jemand über Veilchen und Schmetterlinge gesprochen. Dabei hätte man sich nur anschauen müssen, mit welcher politischen Agenda der Vatikan damals unterwegs war.

Zeitgleich zu diesem umjubelten Auftritt des Papstes vor dem Bundestag stritt die katholische Kirche auf internationaler Ebene dafür, dass Homosexualität unter staatliche Strafe gestellt werden darf. Das Argument: Staaten müssten das Recht haben, „gewisse sexuelle Handlungen" zu regulieren und gewisse „sexuelle Verhaltensweisen" per Gesetz zu verbieten. „States can, and must, regulate behaviors, including various sexual behaviors", forderte Erzbischof Silvano M. Tomasi als Ständiger Vertreter des Heiligen Stuhls beim Büro der Vereinten Nationen in Genf im März 2013, nachdem 85 Länder in einer UN-Erklärung das Verbot von Gewalt und Diskriminierung gegen Schwule, Lesben und Transsexuelle gefordert hatten. Die katholische Kirche kämpfte erbittert gegen die Erklärung des UN-Menschenrechtsrats mit dem Titel „Gewaltakte und Menschenrechtsverletzungen wegen der sexuellen Orientierung oder Geschlechtsidentität verhindern" und stellte sich damit nicht nur gegen alle EU-Länder, sondern auf die Seite all jener Diktaturen, die Homosexuelle töten und verfolgen.

Der Vatikan trat hierbei nicht als Religion auf, sondern als politische Kraft. Dass Benedikt die ihm gebotene Bühne des Deutschen Bundestags für seine politische Agenda nutzte, ist aus seiner Sicht nachvollziehbar. Dass die politische Klasse weitgehend darauf verzichtete, dem Kerngehalt der Botschaft zu widersprechen, könnte mit diplomatischen Gepflogenheiten gegenüber dem Führer einer Weltregion erklärt werden. Aber die Tatsache, dass auch der überwiegende Teil der Medien nicht so richtig verstehen konnte oder wollte, worin das Problem der Homosexuellen eigentlich lag, beleuchtet ein sich in dieser Zeit verfestigendes Miss- oder Nichtverstehen.

Nicht, dass deutsche Journalisten übermäßig mit dem Papst sympathisierten – die meisten von ihnen waren ihm kritisch eingestellt – oder dass sie gegen die Rechte Homosexueller gewesen wären. Aber in der direkten Konfrontation waren es eher die Homosexuellen, über die sie den Kopf schüttelten.

Ulrich Deppendorf, der damalige Leiter des ARD-Hauptstadtstudios, sah in den Protestaktionen gegen den Papst typische deutsche Kleingeisterei. *Focus*-Herausgeber Helmut Markwort schrieb: „Möglicherweise war ja der Anti-Papst-Rummel ein fröhliches Klassentreffen und Gemeinschaftserlebnis für die Mitglieder des Lesben- und Schwulennetzwerks. Inhaltlich boten sie ein Schauspiel aus dem vorigen Jahrhundert." Markwort und vielen anderen Journalisten ist zugutezuhalten, dass sie sich mit den dort vorgebrachten Inhalten wohl nicht näher beschäftigt hatten, dass sie noch immer der Meinung waren, der Protest queerer Gruppen gegen den Papst gelte lediglich dessen veralteten Moralvorstellungen. Die Bereitschaft, in Benedikt einen alten, harmlosen Mann sehen zu wollen, war groß. Welche Bedeutung die Rolle des Vatikans als Ermutigung der Homosexuellenverfolgung insbesondere afrikanischer Länder spielte und spielt, war und ist in deutschen Medien mehr oder weniger bedeutungslos.

Der auch von linken und liberalen Politikern und Medien gefeierte Auftritt im Bundestag war eine verpasste Gelegenheit, die Mission des Papstes zu hinterfragen und anzuprangern. Benedikt jedenfalls kann zufrieden mit seinen Bemühungen sein. Unter den 70 Ländern, in denen Homosexualität heute strafbar ist, sind auch Länder mit großem katholischen Einfluss. Das Onlineportal *queer.de* weist in einem Beitrag vom November 2017 darauf hin, dass sich die katholische Kirche in diesen Staaten sogar teilweise offen für die Verfolgung aufgrund sexueller Orientierung einsetzt:

„So hat die katholische Bischofskonferenz in Nigeria, dem bevölkerungsreichsten Land Afrikas, im Jahr 2014 beispielsweise die Verschärfung der Gesetze gegen Homosexuelle begrüßt. Damals bezeichnete die Kirchenführung die verschärfte Verfolgung Schwuler und Lesben als ‚richtigen Schritt in die richtige Richtung, um die Würde des Menschen zu schützen'. Auch in anderen Verfolgerstaaten – etwa in Malawi, Kamerun und Uganda – kämpft die katholische Kirche an der Seite von Homohassern offen für die Kriminialisierung sexueller Minderheiten."

Auch wenn die Meinung des Papstes im öffentlichen Diskurs zur Situation Homosexueller in Deutschland kaum eine Rolle spielte, blieb sie doch nicht ohne Wirkung, dass nun auch die katholische Kirche mit an dieser neuen Erzählung über Homosexuelle bastelte: Aus den schäbigen Outlaws von damals, also Menschen, die jenseits der Regeln der Gesellschaft agieren, wurden Homosexuelle zu mächtigen Figuren, die sich über die Allgemeinheit und deren Gesetze stellten und danach trachteten, diese auszuhöhlen.

Am 28. Februar 2013 schrieb der für Innenpolitik der *FAZ* verantwortliche Redakteur Jasper von Altenbockum einen Artikel unter der Überschrift „Im Zug der Zeit" über die angeblichen Gefahren der (damals noch sogenannten) „Homo-Ehe". Anlass waren Diskussionen in der CDU zum Thema. Der Beitrag von Altenbockums beinhaltet all die Punkte, die den Paradigmenwechsel markieren. Fasst man seine Argumentation in einzelne Thesen zusammen, liest sich sein Text wie ein Manifest der neuen Homophobie.

1. Er beschreibt die Gleichstellung Homosexueller als existenzielle Gefahr für die Gesellschaft.

Um die Dringlichkeit seiner Warnungen zu verdeutlichen, zitiert Jasper von Altenbockum eine Passage aus dem Grundsatzprogramm der CDU und bringt sie in Zusammenhang mit der Gleichstellung Homosexueller: „was auf dem Spiel steht: ‚Das ist der Widerspruch unserer Zeit: Eine reiche Gesellschaft ist arm an Kindern.'" Im CDU-Parteiprogramm hat dieser Satz gar nichts mit der „Homo-Ehe" zu tun. Von Altenbockums Kontext suggeriert aber: Die Gleichstellung Homosexueller hätte Einfluss auf die Zahl der Kinder unserer Gesellschaft. Durch Homosexuelle sei also die „Keimzelle" der Gesellschaft bedroht, was bedeutet, dass die Gesellschaft durch sie in Gefahr gerät, nicht mehr „keimen", sich also nicht mehr reproduzieren zu können. Es geht also nicht wie früher um die Moral der Gesellschaft; auf dem Spiel steht schlichtweg deren Existenz.

2. Er behauptet, die Bedrohung der Gesellschaft durch Homosexuelle werde immer größer, aber die Politik kapituliere vor ihr, weil die Minderheit immer mächtiger wird.

Von Altenbockum spricht von einem „Zug der Zeit", der auch noch so unerschütterliche Wahrheiten „platt zu walzen scheint". Wer sich gegen diesen Zug stemmt, der droht also, weggerafft zu werden, und politische Parteien müssen sich also auch gegen ihre eigenen Überzeugungen dieser ungeheuerlichen Kraft unterordnen.

3. Er konstatiert, aus Rücksicht auf diese Minderheit würden deren Interessen gegen die der Mehrheitsgesellschaft durchgesetzt.

Von Altenbockum: „Homo-Ehe? Warum nicht! Das ist eine der Antworten, deretwegen sich mancher fragt, wofür die CDU eigentlich noch steht: für nicht mehr viel von dem, was eine schweigende Mehrheit durchaus noch für bewahrenswert hält."

4. Er sagt, ein Aufbegehren dagegen sei aufgrund einer drohenden „Keule der Diskriminierung" kaum möglich.

Von Altenbockum: „SPD, Grüne, Linkspartei und FDP wollen und müssen es nicht erklären, weil sich darin gerade die Möglichkeiten ihrer Programme offenbaren – die Keule der ‚Diskriminierung' immer griffbereit."

Nur wenig zugespitzt sagt von Altenbockum Folgendes: Eine Minderheit, die drauf und dran ist, die Zukunft der Gesellschaft auf Spiel zu setzen, dominiert die Mehrheit. Diese kann sich aber nicht dagegen wehren, weil sie sonst die Diskriminierungskeule fürchten muss. Die Politik wird unterwandert, was dazu führt, dass gegen den Willen und gegen das Interesse der Allgemeinheit eherne Grundprinzipien außer Kraft gesetzt werden.

In den Folgejahren werden *FAZ* und ihre Sonntagsausgabe, die *Frankfurter Allgemeine Sonntagszeitung*, Homosexuelle immer wieder zu gefährlichen Tätern machen. Besonders für die Protestbewegung gegen die angebliche „Frühsexualisierung" in Verbindung mit den Bildungsplänen für eine Erziehung der Vielfalt sind *FAZ* und *FAS* neben neu-rechten Magazinen wie *Compact* die entscheidenden Stichwortgeber. Dabei geht es offensichtlich nicht um Aufklärung, sondern um Stimmungsmache. In seinem Blog recherchiert der Journalist Alexander von Beyme den *FAS*-Artikel „Unter dem Deckmantel der Vielfalt" vom 14. Oktober 2014 nach, der sich laut von Beyme als ein Text herausstellt, „der von Manipulationen, Einseitigkeit und Polemik durchsetzt ist." Der Journalist berichtet in seinem Blog über seine Recherche:

„Petra Wiedenroth wirkt plötzlich sehr kurz angebunden. Die Geschäftsführerin des Verbandes der Elternräte der Gymnasien in Niedersachsen bittet ‚um Verständnis' und sagt mir, für alles Weitere müsse ich mich an Antje Schmelcher wenden, die Verfasserin des Artikels ‚Unter dem Deckmantel der Vielfalt', der am vergangenen Wochenende in der *Frankfurter Allgemeinen Sonntagszeitung* erschienen ist. Wiedenroth räumt ein: Das Mathebuch, von dem dort die Rede ist, in dem eine Textaufgabe mit einem bisexuellen Frauenpaar illustriert sei und andererseits niemals eine Hetero-Familie mit Kind abgebildet sein soll – das hat sie selbst nie gesehen. Da habe es wohl mit diesem Zitat ein Missverständnis gegeben. Sie habe in einem Artikel der Zeitschrift *Profil* über dieses Schulbuch gelesen. Also nachgefragt bei der Zentrale des Magazins in Berlin: Dort hat man keinen blassen Schimmer, welcher Artikel gemeint sein könnte.

Es könnte nur ein zu vernachlässigender Recherchefehler sein. Aber es hat System. Was die *Frankfurter Allgemeine Sonntagszeitung* am vergangenen Wochenende veröffentlicht hat, lässt sich getrost als traurigen Beitrag zur Entsachlichung der Debatte beschreiben, unter dem Deckmantel des Journalismus."

Höhepunkt der Diskreditierung Homosexueller in *FAZ* und *FAS* wird der Gastbeitrag „Wir verraten alles, was wir sind" sein, der am Tag der Entscheidung über die Eheöffnung im Bundestag, 30. Juni 2017, erscheint und Homosexuelle zu latenten Kinderschändern erklärt. Unter dem Pseudonym „Johannes Gabriel" schreibt angeblich ein schwuler „Philosoph und Psychologe" in der Rubrik „Fremde Federn":

„Wird euch das Kind nicht zur Ware narzisstischer Selbstbefriedigung? […]

Habt ihr noch Anstand, Charakter und Ethos im Leib? Oder meint ihr, das Unrecht, das uns widerfahren ist, gäbe uns nun das Recht, es ins Unrecht an anderen: ebenden Kindern – umzukehren?" […]

Und ist es wirklich so abwegig, was manche Gegner der Homo-Ehe behaupten, dass adoptierte Kinder ungleich stärker der Gefahr sexuellen Missbrauchs ausgeliefert sind, weil die Inzest-Hemmung wegfällt, und diese Gefahr bei Homosexuellen besonders hoch sei, weil die sexuelle Outsider-Rolle eine habituelle Freizügigkeit erotischer Binnenverhältnisse ohne alle sexual-ethischen Normen ausgebildet habe?"

Selbst auf die Kritik an der Veröffentlichung reagiert *FAZ*-Redakteur Reinhard Müller mit einer Opfer-Täter-Umkehr und antwortet auf die Frage, warum der Text, anders als sonst bei solchen Kommentaren üblich, unter Pseudonym erschienen sei:

„Der Autor verweist im Text darauf, wie schwierig das sachliche Argumentieren dieser Angelegenheit in der Gay-Community ist – wer etwas anderes meint, wird gleich als ‚Verräter' gebrandmarkt'. Diese Befürchtung scheint, wie einige Reaktionen zeigen, nicht unberechtigt gewesen zu sein."

Der Presserat sprach eine Rüge gegen die Zeitung aus. Er beanstandete eine „diskriminierende Wirkung gegenüber Homosexuellen" und sah einen schweren Verstoß gegen das Diskriminierungsverbot nach Ziffer 12 des Pressekodex gegeben. Die *FAZ* reagierte darauf im eigenen Blatt:

„Unserer Auffassung nach handelt es sich bei der beanstandeten Passage nicht um eine Tatsachenbehauptung, sondern um eine Frage, die als Meinungsäußerung einzustufen ist. Soweit sich Leser durch diesen Diskussionsbeitrag angegriffen oder herabgewürdigt fühlen, bedauern wir dies. Von der Freiheit, auch kontroversen Meinungen in unserer Zeitung Raum zu geben, werden wir jedoch weiterhin Gebrauch machen."

Der Medienjournalist Stefan Niggemeier kommentiert daraufhin auf *uebermedien.de*:

„Im Klartext bedeutet das wohl: Die *FAZ* behält sich das Recht vor, Schwule und Lesben wegen ihrer Sexualität anzugreifen und herabzuwürdigen, bedauert es aber, wenn die sich darüber beklagen."

Niggemeier, „Journalist des Jahres" 2007, hat lange Zeit für die *FAZ* und ihre Sonntagszeitung geschrieben. Nach dem „Johannes Gabriel"-Text hörte er auf, Artikel in diesen beiden Blättern zu veröffentlichen.

Ich hatte immer gedacht, dass, sollte es einmal zu einem publizistischen Showdown um die „Ehe für alle" in Deutschland kommen, es die *BILD*-Zeitung wäre, die die ganz groben Klötze herausholen würde. Doch in Deutschland war es nicht der Boulevard, sondern ein Medium der intellektuellen Speerspitze der Zeitungslandschaft, die bereit war, alle Hemmungen über Bord zu werfen. Der Rollback gegen Homosexuelle begann nicht von unten, sondern von oben.

Eine Ausgabe der ARD-Talkshow *Maischberger* aus dem Jahr 2014 machte deutlich, wie sich Sprache und Logik der neuen Homophobie mittlerweile in die mediale Aufbereitung homosexueller Themen eingefügt hatten. Zwar hatte es in den Jahren zuvor schlimmere Shows mit schlimmeren Äußerungen von Talkshowgästen gegeben. Das Besondere an der *Maischberger*-Sendung war die Selbstverständlichkeit, mit der homophobe Positionen von den Fernsehmachern selbst übernommen wurden, ohne dass die Redaktion da ein Problem sehen konnte.

Der Journalist Micha Schulze schrieb auf *queer.de* bereits im Vorfeld der Show:

„,Homosexualität auf dem Lehrplan – droht die moralische Umerziehung?', fragt Sandra Maischberger am Dienstag ihre Gäste. Allein der Titel ist eine doppelte Unverschämtheit. Zum einen soll nach dem baden-württembergischen Bildungsplan an keiner einzigen Schule Lesbisch-, Schwul- oder Heterosexuellsein ‚gelehrt', sondern lediglich über die Vielfalt der Lebensweisen aufgeklärt werden. Dies als ‚moralische Umerziehung' zu diffamieren, ist – auch mit Fragezeichen – ein deutlicher Schritt über die rote Linie."

Nach der Ausstrahlung befand das Medienmagazin *meedia* unter der Überschrift „Maischbergers entgleiste Lehrstunde in sexueller Vielfalt": „Die Sendung war mit ihren Defiziten ein hervorragendes Beispiel dafür, dass wir Aufklärung in Sachen sexueller Vielfalt tatsächlich bitter nötig haben."

Dass *Maischberger* so entgleisen musste, hatte Maischberger vorprogrammiert. *Queer.de*:

„Gleich zwei notorische Homohasser hat Sandra Maischberger ins ARD-Studio geladen: Da wäre zum einen Hartmut Steeb, der Generalsekretär der evangelikalen Deutschen Evangelischen Allianz, der erst Ende Januar im SWR davon sprach, ‚glücklicherweise' kein homosexuelles unter seinen zehn Kindern zu haben, und offen für Umpolungs-Therapien wirbt. Ihm zur Seite steht die erzkatholische Journalistin Birgit Kelle, die seit vielen Jahren gegen die ‚Zulassung' von Homosexualität anschreibt. Die Pro-Bildungsplan-Seite ist dagegen nicht gerade mit rhetorischen Schwergewichten besetzt."

Die Sendung war ein Affront gegen die LGBTI*-Community. Doch das Hauptproblem war nicht die offenbar gewünschte Heftigkeit der homophoben Aussagen der Talkshowgäste, sondern die Tatsache, dass die Redaktion Homosexualität und Homophobie als gleichwertige „Meinungen" darstellte, dass sie Homosexualität zur „Gesinnung" erklärte. Dies führte dazu, dass der Waldschlösschen-Appell gegen Homophobie in den Medien, der sich genau gegen solche Zuschreibungen wehrte und ein knappes Jahr zuvor initiiert worden war, erstmals bundesweit breit diskutiert wurde. Doch dazu später mehr.

In der öffentlichen Debatte um Homosexuelle markiert die Show eine neue Ebene. Zwar gab es das vorher schon, aber nicht in dieser Unverblümtheit und Durchschlagskraft: Wer nun eine homophobe Aussage als solche anprangerte, musste sich nun den Vorwurf gefallen lassen, freie Meinungen unterbinden zu wollen.

Matthias Matussek, früherer *SPIEGEL*-Kulturchef und 2014 Autor der *WELT*, nutze die Sendung und ihre Kritiker, um den homophoben Sprech zu etablieren, der bis heute Standard ist.

Unter der Headline „Ich bin wohl homophob. Und das ist auch gut so" behauptet er:

„Wer nicht begeistert über Schwule spricht, ist gleich ein Schwulenhasser". Im Text erklärt er sich zum Opfer ideologischer Verfolgung durch eine inquisitorische Minderheit: „Mittlerweile hat Homophobie dem Antisemitismus als schlimmste ideologische Sünde den Rang streitig gemacht." Und behauptet, man wolle ihm das Denken verbieten: „Ich lasse mir meine Gedankenfreiheit nicht nehmen, das gehört zu meinem Stolz als Publizist." Er sinniert über Homosexualität als eine „defizitäre Form der Liebe" und spottet über Homophobievorwürfe gegen den Talkgast Birgit Kelle, obwohl diese ja „gleich eingangs betont hatte, dass sie schwule Freunde habe, und dass sie selbstverständlich nichts gegen Schwule habe, dass sie die tolerieren würde."

Nicht erst seit Matussek gehört es zum Standardtrick, Homosexuelle anzugreifen, in dem man ihnen vorwirft, von ihnen angegriffen zu werden, ihnen unterstellt, sie wollten das freie Denken verbieten, und das Auflehnen gegen sie als eine Art Notwehr darzustellen.

Die „Das wird man doch wohl noch mal sagen"-Pose hat Matussek nicht erfunden, aber er hat sie durch seinen Artikel zum Hit gemacht.

Mein Eindruck war: Sein Text wirkt wie eine Art Befreiungsschlag. Mit der nun etablierten Formel, nichts gegen Homosexuelle sagen zu dürfen, kam es folglich nun schwer in Mode, etwas gegen Homosexuelle zu sagen.

ES IST VERDAMMT SCHWER, ÜBER HOMOPHOBIE ZU REDEN

Nollendorfblog vom 6. Dezember 2016
noch 206 Tage bis zur „Ehe für alle"

Die Aufgabe, Homophobie für die gebildeten Kreise so aufzubereiten, dass diese sich mit ihr identifizieren und gleichzeitig von ihr distanzieren können, hat diesmal die bekennend heterosexuelle Opernkritikerin Eleonore Büning übernommen.

Ihrem Beitrag in der *Frankfurter Allgemeinen Sonntagszeitung* hat sie die Frage vorangestellt, was denn „Homosexuelle an der Oper so toll" finden. Doch dafür interessiert sie sich in Wirklichkeit gar nicht, denn dazu sei alles gesagt: „Das Thema ist durch." Warum sie aber all das, worüber es nichts zu sagen gibt, dennoch sagt, ja, warum sie den ganzen Artikel überhaupt geschrieben hat, in dem sie ein vermeintlich wohlmeinendes – weil vermeintlich homofreundliches – Klischee an das andere reiht (sie unterscheidet gar zwischen homosexuell und heterosexuell „begabten" Mitmenschen"), zeigt sich erst im letzten Absatz.

Einem Absatz, von dem sie wahrscheinlich denkt, dass er gar nicht so böse verstanden werden kann, weil ja vorher – also vor dem „aber" – so vieles steht, was sie nicht gegen Schwule zu haben gedenkt.

Doch der letzte Akt, die eigentliche Botschaft ihres Artikels, ist böser, homophober, wie er nicht sein kann. Und er ähnelt einer vom Antisemitismus her bekannten Argumentationslogik. Hier ist es die der unheilvollen Macht einer sich verschwörenden Minderheit, die sie operettenhaft – damit es nicht ganz so arg klingt – „homosexuelle Vetterlswirtschaften" nennt, ihr aber gleichzeitig übelste Arglist unterstellt:

„Und ganz übel ist es, dass die Sopranistin Tamar Iveri die Desdemona am Opernhaus in Sydney nicht singen durfte, wegen einer angeblich homophoben Bemerkung, die auf ihrer Facebookseite gepostet wurde, und das nicht mal von ihr selbst."

Alles an dieser Argumentation besitzt den bemerkenswerten Grad von Desinformation und Täter-Opfer-Umkehrung, wie wir das von *FAZ* und *FAS* bei LGBTI*-Themen kennen, beispielsweise beim Wettern gegen die sexuelle Vielfalt in den Bildungsplänen. Anders als Eleonore Büning behauptet, handelt es bei dem von ihr erwähnten Facebookpost eben nicht um eine „angeblich homophobe Bemerkung", sondern einer so eindeutigen, dass sie auch einer *FAS*-Journalistin auffallen sollte.

Spiegel Online schrieb damals im Juni 2014 zu den Hintergründen der Geschehnisse in Sydney:

„In Georgiens Hauptstadt Tiflis zogen Aktivisten am Wochenende bei einer ‚Gay Pride'-Parade durch die Straßen. Auf der Facebookseite der georgischen Sopranistin Tamar Iveri wurde dazu eine eindeutige Meinung verbreitet:

‚Ich war stolz darauf, wie die georgische Gesellschaft auf die Parade gespuckt hat … Bitte stoppt die Versuche, mit Propagandamitteln westliche ‚Fäkalmassen' in die Mentalität der Menschen zu bringen.'"

Dem *Spiegel Online*-Artikel ist weiter zu entnehmen, dass auch Bünings Behauptung, die Sängerin habe aufgrund dieses Posts nicht singen dürfen, nicht so ganz stimmt. Zumindest hat sie selbst nach der enormen Kritik (nicht nur durch die Oper in Sydney) erklärt, „von der Rolle zurückzutreten, um den Erfolg der Produktion nicht zu gefährden."

Ebenfalls mindestens irreführend ist Bünings Aussage, dass dieser Post „nicht mal von ihr selbst" geschrieben sei, was zwar teilweise stimmen mag (die Sängerin behauptet, ihr Mann habe ihren Ursprungspost verändert) aber nichts daran ändert, dass er auf ihrem Profil gestanden hat und dort offensichtlich erst nach mehreren tausend kritischen Kommentaren gelöscht wurde. Und dann auch noch mit dem „durchschaubaren" (*Spiegel Online*) Erklärungsversuch, ihr Mann sei „zutiefst religiös", und sie selbst sei „schockiert und traurig über Medienberichte, die mich als homosexuellenfeindlich bezeichnen".

Doch selbst wenn sich das Opernhaus in Sydney von der Sopranistin getrennt hat, was wäre so „ganz übel" daran? Findet Frau Büning auch, dass es „übel" ist, sich von einer Künstlerin zu distanzieren, die sich rassistisch oder antisemitisch zitieren lässt? Und: Was spielt es für eine Rolle, dass die Entscheider in der Oper offensichtlich schwul waren? Was ist – rein inhaltlich – „vetterlswirtschaftlich" daran? Müssten nicht heterosexuelle Verantwortliche bei solchen Aussagen genauso handeln?

Und, mal rein organisatorisch: Wie stellt sich Frau Büning diese vetternwirtschaftlich organisierte Homolobby vor? Bedarf es wirklich einer Konspiration um zu erkennen, was nicht akzeptabel ist? Nur weil *FAS*-AutorInnen wie Frau Büning das nicht können?

Auffällig war, dass es nach diesem Blogbeitrag mehreren Frau Büning persönlich bekannten schwulen und lesbischen Journalistinnen und Journalisten wichtig war, mir mitzuteilen, dass sie die Kritikerin nicht nur nicht für homophob halten, sondern in Homo-Dingen sogar ungewöhnlich offen und in Ordnung. Sie könnten meine Kritik zwar theoretisch nachvollziehen, aber ich hätte in dem konkreten Fall nun eben die Falsche erwischt. Gemeint war das dann wohl so: Hätte ich Frau Büning selbst einmal kennengelernt, dann wäre ich bestimmt nicht auf die Idee gekommen, so etwas über sie zu schreiben.

Nun will ich gar nicht bestreiten, dass es nicht spannend sein könnte, mit Eleonore Büning über Homophobie zu diskutieren. Doch (mal abgesehen davon, ob sie da Lust darauf hätte) aus welchem Grund sollte ich das machen? Was gäbe es da zu klären?

Es geht mir in solchen Blogbeiträgen nicht darum, moralische Urteile über Menschen zu fällen. Ich schreibe dann nicht über Personen, sondern über Aussagen von Personen. Mein Ziel ist es, anhand solcher Aussagen homophobe Argumentationsmuster zu diskutieren, also nicht über Menschen zu streiten, sondern ganz konkret darüber, was an dem, was sie sagen, problematisch ist. Wenn wir einen gesellschaftlichen Konsens darüber erreichen wollen, dass etwas gegen Homophobie getan werden muss, dann bedarf es zunächst einmal eines einigermaßen akzeptierten Konsenses darüber, was homophob ist, und was nicht.

Also, zur Erinnerung. Wenn dieser Satz über einen Gaypride …

„Ich war stolz darauf, wie die georgische Gesellschaft auf die Parade gespuckt hat ... Bitte stoppt die Versuche, mit Propagandamitteln westliche ‚Fäkalmassen' in die Mentalität der Menschen zu bringen."

... nicht, oder – wie Frau Büning behauptet – nur „angeblich" homophob ist, kann man dann überhaupt über Homophobie reden? Kann man dann überhaupt darüber reden, was homophob ist? Wozu muss ich wissen, was die Journalistin sonst über Homosexuelle sagt oder denkt, um darüber befinden zu können, was diese Aussage über Homosexuelle sagt?

Ich behaupte ja weder, dass Frau Büning permanent solche Dinge behauptet, noch schließe ich aus, dass ihr das vielleicht einfach so rausgeflutscht ist, dass sie sich da vielleicht gar keine großen Gedanken dazu gemacht hat und dass sie an einem anderen Tag etwas anderes, vielleicht sogar Gegenteiliges zu dieser Aussage geschrieben hätte. Und ich bin mir auch sicher, dass auch mir so etwas passieren kann, dass ich nicht nur Unsinn von mir gebe, sondern dass es auch passieren könnte, dass ich auch homophoben oder rassistischen oder sexistischen Unsinn von mir gebe. Aber dann wäre es eben homophober oder rassistischer oder sexistischer Unsinn. Es mag tausend Gründe geben, warum dieser Artikel einen homophoben Grundton hat, aber er hat einen homophoben Grundton.

Und auch wenn das so ist, wie die homosexuellen Journalisten-KollegInnen behaupten, dass es ein Ausrutscher war von Frau Büning und ein solcher Artikel gar nicht zu ihr passt: Stimmt es dann, dass ich die „Falsche erwischt" habe? Oder wird es nicht genau dort interessant, wo wir Homophobie nicht vermuten? Muss es nicht genau dann darum gehen zu fragen, wie so etwas bei Menschen passieren kann, die man für solche Feindseligkeiten für unverdächtig hält? Und noch wichtiger: Wie so etwas in gesellschaftlichen Umfeldern passieren kann, die man traditionell als weniger homophob betrachtet, konkret Feuilleton, Kultur, Oper? Muss man dann nicht sogar genauer hinschauen und fragen, ob es wirklich ein Versehen war? Oder eben doch ein Prinzip?

Ich weiß, es wirkt etwas pedantisch, sich so an solchen Sätzen abzuarbeiten. Ich bekomme sie ja nach solchen Blogbeiträgen zu spüren, die Beschwichtigungskräfte, die mich immer mit den gleichen Argumenten konfrontieren.

Wie etwa: „Wieso arbeitest du dich nicht an unseren richtigen Feinden ab, also den offensiven Hetzern?"

Meine Antwort: Natürlich bedürfen diese, egal ob politisch oder religiös motiviert, unserer Aufmerksamkeit und massiven Gegenwehr. Doch wenn es darum geht, Homophobie zu entlarven, nutzt es doch nicht, da hinzuzeigen, wo ganz groß Homophobie drauf steht, sondern besonders da, wo behauptet wird, damit gar nichts zu tun zu haben.

Auch sehr beliebt: „Wieso hängst du dich so an einzelnen Wörtern, an einzelnen Sätzen auf?"

Für diesen Vorwurf der Kleinlichkeit, Spitzfindigkeit, der vermeintlichen Korinthenkackerei habe ich ziemlich wenig Verständnis. Denn wenn diese Wörter und Sätze so unwichtig wären, warum räumen sie die, die sie in die Welt setzen, dann nicht einfach ab? Warum sagen sie nicht: „War für meine Argumentation nicht wichtig, war ein Fehler, war nicht so gemeint?" Wer auf homophoben Wörtern, Sätzen und Argumentationsmustern besteht, der besteht darauf, etwas Homophobes zu sagen. Und da an solchen Stellen dann schnell der Vorwurf der Denk- und Sprechverbote im Raum steht: Ich bin überhaupt nicht dagegen, dass Homophobes gesagt wird. Im Gegenteil, ich finde es klasse, dass, wer so denkt, es auch so sagt. Ich bin dann aber eben auch dafür, Homophobes als homophob zu bezeichnen. Nicht um der Empörung willen, sondern weil ich es wichtig finde, dass eine ernsthafte Debatte über die Homophobie in unserer Gesellschaft möglich wird.

Um darüber diskutieren zu können, wie wir mit etwas umgehen wollen, sollten wir es zunächst benennen können. Und wenn man sich nicht darüber einig ist, ob man es so benennen kann, könnte ja immerhin das der Anfang sein. Dann könnte man ja über Kriterien streiten, darüber, wann ein Muster, ein Argument anfängt, homophob zu sein. Doch dieser Anfang will in Deutschland nie so recht gelingen. Auch weil die, die eine solche Debatte führen könnten, sich so selten zuständig fühlen, zumindest nicht in der Hinsicht, dass auch sie damit etwas zu tun hätten.

Wie die Geschichte mit den Opernschwulen weitergeht, habe ich in meiner monatlichen Kolumne aufgeschrieben, die ich für das medienkritische Watchblog *BILDblog* (was nichts mit der *BILD*-Zeitung zu tun hat, im Gegenteil) schreibe:

BILDblog-Kolumne „Politically Correct"
vom 24. 05. 2017
Noch 37 Tage bis zur „Ehe für alle"

Es ist schwierig, in Deutschland über Homophobie zu diskutieren, weil es Homophobie in Deutschland ja quasi gar nicht gibt. Äußert sich jemand homophob, dann hat er es nicht so gemeint. Und hat er es so gemeint, dann war es eben nicht homophob.

Homophobie-Debatten enden in Deutschland meist da, wo sie eigentlich anfangen müssten: Statt sich mit möglicherweise problematischen, weil möglicherweise homophoben Aussagen eines

Menschen zu beschäftigen, wird der Mensch von seinen Aussagen getrennt. Der Mensch kann es ja gar nicht so gemeint haben, weil dies und weil das.

So bleibt eine möglicherweise homophobe Aussage im Raum, die nicht als Problem diskutiert wird, weil der dahinterstehende Mensch als unproblematisch verteidigt werden konnte. Diese irrige Gleichung gilt auch umgekehrt: Gilt ein Mensch einmal als homophob, ist es auch alles, was er über Homosexuelle äußert. Der Homophobe wird so zum Outlaw.

Es ist schwierig, in Deutschland über Homophobie zu diskutieren: Nicht, weil man sich nicht damit beschäftigen müsste, sondern weil die, die es betrifft, ja nicht Teil eines vernünftigen Diskurses sind. Man muss, so scheint es, dumm sein, um homophob zu sein.

Doch das muss man nicht. So geben beispielsweise kluge Köpfe in der *Frankfurter Allgemeinen Zeitung* und der *Frankfurter Allgemeinen Sonntagszeitung* immer wieder sehr monumentalen homophoben Mist von sich.

Es ist schwierig, in Deutschland über Homophobie zu diskutieren, auch weil homophobe Aussagen meist verdruckst daherkommen. Selten sind sie von so unbestechlicher Klarheit wie die, die 2014 auf der Facebookseite der georgischen Sopranistin Tamar Iveri anlässlich eines Gay Prides in ihrer Heimat gepostet wurde:

„Ich war stolz darauf, wie die georgische Gesellschaft auf die Parade gespuckt hat ... Bitte stoppt die Versuche, mit Propagandamitteln westliche ‚Fäkalmassen' in die Mentalität der Menschen zu bringen."

Wenn das nicht homophob ist, dann gibt es wirklich keine Homophobie; das müsste — so möchte man meinen — doch selbst die *FAZ* erkennen und benennen können.

Doch in der Sonntagsausgabe der Zeitung erklärte die Opernkritikerin Eleonore Büning vor wenigen Monaten im September 2016 nicht dieses Zitat zum Problem, sondern diejenigen, die damit ein Problem haben. Zum Beispiel die Leitung der Oper in Sydney, die die Sopranistin aufgrund des Posts nicht mehr im Hause haben wollte:

„Und ganz übel ist es, dass die Sopranistin Tamar Iveri die Desdemona am Opernhaus in Sydney nicht singen durfte, wegen einer angeblich homophoben Bemerkung, die auf ihrer Facebookseite gepostet wurde, und das nicht mal von ihr selbst."

„Angeblich homophobe Bemerkung"? Geht's noch?

Es ist schwierig, über Homophobie zu diskutieren, auch weil sich dafür kein passendes Wort durchgesetzt hat. „Homophobie" beschreibt eine Angst, also bestenfalls einen Aspekt des Phänomens.

Dass sich der Begriff „Homophobie" so wacker hält, um etwas zu beschreiben, was eigentlich „Homosexuellenfeindlichkeit" heißen müsste, liegt auch daran, dass renommierte Zeitungen wie (nicht nur, aber auch) die *FAZ* das Wort „Homosexuellenfeindlichkeit" so gut wie nie verwenden. Eine Suche auf *faz.net* führt im Direktvergleich von „Homophobie" und „Homosexuellenfeindlichkeit" zu einem Ergebnis von 171 zu sechs Treffern. Man kann, ich finde sogar, man muss darüber streiten, ob „Homophobie" das passende Wort ist.

Aber kann man wirklich darüber streiten, für was das Wort „Homophobie" steht, auch wenn es gut wäre, wenn es dafür ein anderes gäbe?

Nach dem Erscheinen des Artikels von Eleonore Büning hatte ich Claudius Seidl, den Chef des *FAS*-Feuilletons, gefragt, ob er die Einschätzung von Frau Büning teilt, dass die „Fäkalmassen"-Bemerkung nur „angeblich homophob" sei?

Seidl beantwortete meine Mail-Anfrage nur wenige Minuten später; zur Frage selbst wollte er sich allerdings nicht äußern, denn:

„Mit dem Wörtchen homophob kann ich nichts anfangen — eine Phobie ist ja, wenn ich mich nicht irre, eine krankhafte übersteigerte Angst, für die der Mensch, der sie hat, nichts kann. Wer hingegen homosexuellenfeindlich redet oder handelt, kann in den meisten Fällen etwas dafür."

Ich schrieb ihm zurück, dass auch ich lieber einen anderen Begriff benutzen würde, versuchte aber weiter, eine Antwort auf meine Frage zu bekommen:

„Da aber in den allermeisten Medien (auch in Ihrem) und in den allermeisten Zusammenhängen (auch in dem, auf das Frau Büning Bezug nimmt) homophob sagt, was homosexuellenfeindlich meint, erlaube ich mir, noch einmal so zu fragen: Halten Sie diese Bemerkungen für homophob bzw. homosexuellenfeindlich?"

An dieser Stelle beendete Claudius Seidl die Kommunikation.

Ein Wort, das in der eigenen Zeitung permanent verwendet wird, um einen bestimmten Sachverhalt zu beschreiben, wird ausgerechnet dann für ungeeignet erklärt, wenn dieser Sachverhalt das eigene Medium betrifft.

Es ist echt schwierig, in Deutschland über Homophobie zu diskutieren. ∎

Kann ein einziger Satz homophob sein? Oder ist es wichtig, wer ihn gesagt hat? Diese Diskussion entfachte sich um den folgenden Blogbeitrag. Er bezieht sich auf einen Artikel, der in der *ZEIT* nach dem Anschlag auf einen LGBTI*-Club in Orlando erschien. Über Orlando wird es im Verlauf des Buches noch gehen. Im folgenden Blogbeitrag ging es mir aber nicht um die Auseinandersetzung mit den Reaktionen auf den Anschlag, sondern u.a. ganz grundsätzlich darum, was auch ein einzelner, losgelöster Satz beinhalten kann.

Nollendorfblog vom 23. Juni 2016
Noch 372 Tage bis zur „Ehe für alle"
11 Tage nach dem Anschlag auf den
LGBTI*-Club Pulse in Orlando

Auf der Titelseite der *ZEIT* der letzten Woche hat sich in einem Artikel über die Gründe des Orlando-Anschlags folgender Satz versteckt:

„Homophobie ist nicht zuletzt eine Reaktion auf die enormen Emanzipationsgewinne der Schwulen und Lesben."

Dieser Satz ist ein Hammer.

Ungefähr so ein Hammer wie der, dass der Rassenhass in Amerika nicht zuletzt eine Reaktion ist auf das Verbot der Sklaverei. Oder der, dass der Antisemitismus nicht zuletzt eine Reaktion ist auf die Gründung des Staates Israel.

Die Emanzipation, die Befreiung, der Selbstschutz, die Selbstbestimmung sind schuld und nicht das, was das alles angreift und behindert. Oder, konsequent zu Ende gedacht: der Schwarze, der Jude, der Homo.

Das Schlimme (weil so Brilliant-Heimtückische) an diesem Satz ist, dass er einfach für sich steht, also nicht als gewagte These diskutiert wird, sondern als Allgemeinplatz, der keiner weiteren Begründung bedarf. Und dass er es gleichzeitig schafft, all das zu verinnerlichen, was das homophobe State of the Art dieser Tage ausmacht.

Die vermeintliche Harmlosigkeit, dieses Alexander-Gauland'sche, war ja nicht so gemeint, ich hab ja nur die Fakten gesagt, die Umkehrung der Täter-Opfer-Logik und die implizierte Andeutung, dass Emanzipation ein „Gewinn" für die einen in dem Sinne ist, dass er anderen irgendetwas wegnimmt, dass es also um einen Gruppenvorteil geht und nicht um Gerechtigkeit und Gleichheit und somit etwas, was allen zugutekommt. Dass er im Prinzip nicht nur die Ursachen von Homophobie auf den Kopf stellt und somit unsichtbar macht, sondern auch die Chancen und Möglichkeiten, diese zu überwinden.

Doch noch schlimmer als der Satz selber ist, dass man überhaupt begründen muss, was an ihm so schlimm ist, dass er – anders als wenn er von Beatrix von Storch oder von der *Jungen Freiheit* stammen würde – sich nicht rechtfertigen muss, keinen nennenswerten Protest verursacht, sondern in dem Common Sense auflöst, in den er hineingeschrieben ist.

Das Schlimme an diesem Satz ist, dass ein homophober Satz in der *ZEIT* nicht als ein homophober Satz gilt, da er ja in der *ZEIT* steht.

Dass das einfach so durchgeht, zeigt, wie sehr die Autosuggestion vieler Links-Intellektueller fortgeschritten ist, in Sachen Entsolidarisierung ein Teil der Lösung und nicht des Problems zu sein.

Natürlich sind es die neuen Rechten, die die Stimmung gegen Minderheiten und insbesondere auch gegen Homosexuelle anheizen. Doch ihr Erfolg, ihre Debattenmacht ist vor allem deshalb möglich, weil die Dehnung des Sagbaren nicht nur durch die Verschiebung des Parteienspektrums nach rechts stattgefunden hat, sondern dadurch, dass diese Verschiebung in allen „Milieus" mitgerückt ist, also auch im Links-Intellektuellen, das in Deutschland publizistisch besonders durch die *ZEIT* repräsentiert wird.

Doch die *ZEIT* hatte nicht nur keinen Sensor für den Paradigmenwechsel (also für diesen Rollback, diese „neue Homophobie"). Sie hat ihn selbst mit vorangetrieben, am sichtbarsten durch die (neben dem Chefredakteur und den Herausgebern) wohl markanteste öffentliche Figur, ihren Magazin-Kolumnisten Harald Martenstein.

Martenstein ist eine der deutschen Integrationsfiguren für all die, die ihre Ressentiments kultivieren, sich dabei aber doch noch irgendwie links und aufgeklärt fühlen wollen. Er steht für das Bemühen der *ZEIT*, ihren Lesern das Wohlgefühl zu vermitteln, mit Homophobie und Rassismus nichts zu tun zu haben. Wir sind die Netten. Das Problem sind die anderen. Dabei wäre es in den letzten Jahren ihre Aufgabe als eines der führenden links-liberalen Meinungsmedien gewesen, die eigene Klientel mit ihren eigenen Versäumnissen beim Engagement für gleiche Rechte und gegen Diskriminierung zu konfrontieren, die Codes der Entsolidarisierung zu entschlüsseln und LGBTI* als Menschenrechts- und nicht als Minderheitenthemen zu begreifen.

Stattdessen Martenstein. Er ist nicht so dumpf und eindimensional wie AfD-Politiker, immer ironisch, selbstironisch, er lästert, statt zu pöbeln, und karikiert, statt offen zu beleidigen. Und doch bildet seine Agenda das immer bedrohlicher klingende Grundrauschen, auf dem die Besorgten Bürger ihre Angriffe blasen. Martenstein sieht sein Hetero-Mannsein von Feministinnen und Minderheiten bedroht und ist ein Vorkämpfer gegen alles, was irgendwie mit Gendergerechtigkeit zu tun hat. Schon bevor Amerikas Rechte die Frage, auf welche Toilette Transgender gehen sollten, zur Frontlinie eines neuen Kulturkampfes erklärten, hatte Martenstein begriffen, dass Trans- und Intermenschen ein besonders dankbares Opfer für seine Stimmungsmache sind.

Martenstein stellt sich nicht gegen den immer gruseligeren Mainstream. Er bläst ihn mit auf und malt ihm dabei gleichzeitig ein harmloses, nettes Gesicht.

So nett, dass alle Beteiligten einen hammerhomophoben Satz einfach übersehen. Weil es Homophobie in der ZEIT nicht geben kann, weil die ZEIT ja nicht homophob ist. Und wenn auf der Titelseite doch ein homophober Satz steht, dann kann da irgendwas nicht stimmen. Mit der Homophobie. ∎

IRGENDWANN IST AUCH GUT

Frühjahr 2016 in einer mittelgroßen Stadt. Ich sitze nach einer Veranstaltung in einem alternativen Kulturzentrum mit den Veranstaltern und Leuten aus dem Vorstand der Einrichtung zusammen. Engagierte rot-grüne Kulturmenschen und (weil es hier was zur Sache tut) Heteros. Wir reden darüber, dass die Zeiten schwieriger werden. Wir reden darüber, dass man etwas tun muss, gegen AfD und Pegida, dass es jetzt wichtig ist, zu widersprechen, etwas für Toleranz, Respekt, und Weltoffenheit zu tun. Sie erzählen mir von ihrem Engagement gegen den Rechtspopulismus. Gestern habe es hier im Zentrum ein „Rock gegen Rechts"-Konzert gegeben, proppenvoll sei das gewesen, wichtige Politiker hätten sich sehen lassen. Farbe bekennen sei wichtig.

Nach einiger Zeit kommt ein Mann an den Tisch. Bevor er sich zu uns setzt, fragt er höflich, ob er das darf. Er nimmt mir direkt gegenüber Platz, nimmt mich ins Visier. Immer noch höflich und freundlich, nun aber auch etwas fordernd, fragt er nun, ob er mir ein paar Fragen stellen könne. Ich vergewissere mich bei den anderen, ob das okay für sie ist, aber er hat bereits die Aufmerksamkeit des ganzen Tisches und legt los: Er habe von mir und von meinem Blog gehört und sich das dann im Internet mal näher angeschaut. Er fände das toll, dass ich mich da so engagiere. Aber. Das mit der Homophobie, das könne er so nicht stehen lassen.

Ich merke sofort, dass das kein zufälliges Zusammentreffen ist, dass er dieses Gespräch gesucht hat, dass es ihm wichtig ist. Und aus Erfahrung weiß ich, was für eine Art Gespräch das werden wird, auch wenn das Tempo, mit dem er seine Fragen auf mich abfeuert, ungewöhnlich hoch ist. Wobei es sich ja weniger um Fragen als um Feststellungen handelt: Warum ich mich denn in meinem Blog, ja, warum denn wir Lesben und Schwulen uns dauernd über Diskriminierung beschweren würden, obwohl es diese Diskriminierung in Deutschland doch gar nicht mehr gibt. Warum wir uns so wichtig nehmen würden. Warum wir Homosexuellen für die Frühsexualisierung von Kindern sind. Wo das denn hinführen soll, wenn jeder jetzt nach Lust und Laune jeden Tag sein Geschlecht wechseln darf. Undsoweiter. Und ja: Er will, dass ich weiß, dass er AfD wählt, weil das alles nicht so weitergehen kann.

In solchen Situationen kann man nicht viel richtig machen. Man kann nicht nicht mit solchen Leuten reden, wenn man ein Blog über Homophobie schreibt und fordert, dass die Leute über Homophobie reden sollen. Andererseits geht es in solchen Gesprächen meist schon früh nicht mehr um Fakten oder zumindest keine, auf die man sich einigen könnte. Was soll man tun, wenn einem einfach nicht geglaubt wird, wenn man sich Mühe gibt, das mit den Bildungsplänen zu erklären, wenn man konkret werden möchte und nachfragt, was er denn mit „Sexualisierung" genau meint, und dann versichert, dass die Regelungen, von denen er da gehört hat, mit der Realität nichts zu tun haben.

Was ich aber noch schwieriger finde, ist, dass auch der Versuch, das Thema vom Abstrakten auf die Situation betroffener Menschen zu führen, ignoriert wird. Dass die Bitte kühl gekontert wird, doch zumindest ein paar Sekunden zu versuchen, sich in sie hineinzuversetzen.

Dass, wenn ich versuche, etwas über Coming-out von Jugendlichen, über die Situation transsexueller Menschen zu erzählen und über Männer, die vom Paragrafen 175 verfolgt wurden, als Erwiderung kommt, dass doch all diese Gruppen nur ihre Privilegien verteidigen wollen und es in Wahrheit doch nur darum geht, die Heteros in der Gesellschaft kleinzuhalten. Das ist es, was er eigentlich die ganze Zeit sagt: Ich halte ihn klein, ich mache ihm das Leben schwer. Weil ich schwul bin. Darf ich das persönlich nehmen? Darf ich das nicht persönlich nehmen? Darf, sollte ich überhaupt derjenige sein, der auf so etwas zu antworten hat? Denn, wenn es sowieso nur meine Absicht ist, um Privilegien zu kämpfen, einen Vorteil auf Kosten anderer zu erreichen, wie kann ich dann etwas zur Aufklärung beitragen?

Aber natürlich geht es längst nicht mehr um Aufklärung, wenn es überhaupt darum gegangen ist. Worum es geht: endlich mal dem Schwulen all das ins Gesicht zu sagen.

Wie lange muss ich mir das gefallen lassen? Im konkreten Fall bin ich sitzen geblieben. Obwohl ich weiß, dass ich hätte spätestens an der Stelle aufstehen sollen, an der er mir erklärte, dass alles, was nicht Todesstrafe ist, auch keine richtige Diskriminierung ist. Es lag wohl auch daran, dass er höflich blieb, dass er nicht laut wurde. Aber der Hauptgrund war ein anderer: Ich saß ja schließlich hier mit Leuten zusammen, für die Populismus ein wichtiges Thema ist, und jetzt, wo sich der Populismus zu uns an den Tisch gesetzt hatte, wartete ich darauf, dass auch sie endlich in das Thema einsteigen würden.

Ich versuchte das, was der Mann da vorbrachte, an die Runde weiterzugeben. Ich sah nicht ein, dass das Problem, das dieser Mann da hatte, jetzt nur mein Problem sein soll. Wir hatten gerade eben über die Auseinandersetzung mit

Rechts gesprochen und jetzt wurde es konkret. Doch sie ließen mich machen, blieben still und hörten einfach zu. Das Ganze hatte nichts mit ihnen zu tun. Warum? Warum hielten sie sich da völlig raus? War das unter ihrem Niveau? Lag es daran, dass sie den Mann nicht ernst nahmen? Oder lag es daran, dass sie mich nicht ernst nahmen? Dass sie dachten: selber schuld, wer sich auf so etwas einlässt?

Irgendwann hatte ich die Nase voll: „Sagt ihr doch mal was dazu!"

Zuerst Schweigen. Und dann ein zögerliches „Nun ja." „Nun ja", meinte einer von ihnen, es sei doch eine Menge für Homosexuelle erreicht worden. Wieder Schweigen, ich wartete, ob das alles war. Ob da noch etwas käme. Aber da kam nichts. Das lag jetzt einfach so auf dem Tisch, und keiner wollte es abräumen. Das war das, was sie dazu zu sagen hatten. Ich konnte es nicht sein lassen, und in dem Augenblick, in dem ich es tue, ärgere ich mich schon darüber, aber ich tue es, ich frage nach, ob ich das wohl richtig verstanden habe, ob das bedeutet, dass das dann eben die Konsequenz ist, ob man Verständnis dafür haben muss, so angegriffen zu werden. Aber natürlich hätte ich mir das sparen können. Nun ja, es sei halt eine Menge erreicht worden.

Irgendwann ist auch gut. Ich bin dann gegangen. Einen schönen Abend noch. Rock gegen Rechts, dachte ich noch. So ein Scheiß. Und noch was dachte ich. Der AfD-Mann, der hat sich was getraut.

AUF VERSCHIEDENEN PLANETEN

Ob es ein Problem gibt, weiß man erst, wenn es ein Problem gibt. Für die Homophobie bedeutet das: Wie groß ihre zerstörerische Kraft ist, wie groß der Impuls von Menschen ist, homophoben Reflexen nachzugeben, zeigt sich erst dann, wenn es einen Anlass gibt.

Umgekehrt gilt das Gleiche. Nicht nur homophobe Reflexe, sondern auch das Spüren von Homophobie, das Gefühl des Ausgegrenztseins entsteht, wenn irgendetwas falsch läuft. In solchen Momenten zeigt sich nicht nur, wie verschieden der Blick von Homos und Heteros wirklich sein kann, sondern auch, welche Bedeutung dieser Unterschied macht.

Das Attentat von Orlando im US-Bundesstaat Florida am 12. Juni 2016 war so ein Ereignis. 49 homosexuelle und queere Menschen wurden damals aus homophoben Motiven ermordet. Es war der bisher größte Angriff auf die Community in einem westlichen Land. Vielen Heteros fiel es damals verdammt schwer, das so zu sehen.

Nollendorfblog vom 13. Juni 2016
noch 382 Tage bis zur „Ehe für alle"

Das Typische an Terroranschlägen ist, dass sie Menschen treffen, die zur falschen Zeit am falschen Ort sind. In Orlando war das anders. Die Menschen waren am richtigen Ort, sie waren genau da, wo sie sein wollten. Und genau deshalb wurden sie zu Opfern.

Der Anschlag ist, was in Deutschen Medien gerade nicht so richtig verstanden wird, eben nicht „nur" ein Terroranschlag gegen eine möglichst große Menschenmasse, sondern gleichzeitig auch ein Hass-Verbrechen gegen eine ganz bestimmte Gruppe von Menschen.

Das war beim Anschlag in Paris auf das Satiremagazin *Charlie Hebdo* genauso. Es traf Menschen, die etwas verkörpern, was für freiheitliche Gesellschaften besonders wichtig und deshalb besonders schützenswert ist. Nach *Charlie Hebdo* fühlte sich die westliche Welt deshalb dem, was von ihr da angegriffen wurde, besonders verbunden und verpflichtet. Man war Charlie, man war Meinungsfreiheit.

Der Anschlag von Orlando, das wird uns gerade dauernd vorgerechnet, war der zweitgrößte Terroranschlag in den USA und eines der größten Attentate mit Schusswaffengebrauch.

Aber keiner rechnet nach, der wievielt größte Anschlag das auf LGBTI*-Menschen war. Aber das war er vor allem: ein Anschlag auf LGBTI*-Menschen. Und er ist deshalb, und nur deshalb, auch ein Anschlag auf Amerika und die freiheitliche Welt, weil ein Anschlag auf LGBTI* (genau wie bei *Hebdo*) etwas terrorisiert, was uns allen wichtig sein muss. Und das wir, egal ob homo, bi oder hetero, deshalb alle verteidigen müssen:

Die Freiheit, der zu sein, der wir sein wollen. Die Freiheit, den zu lieben, wen wir lieben.

Wenn die freiheitliche Welt sich in dieser Situation ihrer Freiheitswerte vergewissern möchte, dann muss sie sich auch dazu bekennen:

Je suis gay!

Da es heute kaum vorstellbar erscheint, muss man daran erinnern: Mehrere Tage lang lebten damals Homo- und Heterosexuelle auf zwei völlig verschiedenen Planeten. Nicht nur Kanzlerin Angela Merkel, Bundespräsident Joachim Gauck, sondern auch fast die komplette nichtqueere Öffentlichkeit weigerte sich damals, das Attentat als das zu benennen, was es war: ein Anschlag, der sich explizit gegen LGBTI* richtete.

In den Tagen nach dem Anschlag gab es nur wenige überzeugende wahrnehmbare Zeichen des Verständnisses für den Schock der Community, nur wenige Gesten der Solidarität. Schlimmer noch: Der Wunsch nach Solidarität, der aus der Community heraus geäußert wurde, traf nicht nur auf weitgehendes Unverständnis, er wurde auch zum Anlass für viele unterschwellige homophobe Reaktionen: Die Homos sollen sich jetzt bitte nicht so aufspielen.

Mein Eindruck für Deutschland war, dass fast so groß wie der Schock über den Anschlag der Schock darüber war, dass die Gesellschaft nicht verstehen wollte, was dieser Anschlag für Homosexuelle bedeutet. Mein Eindruck war, dass sich queere Menschen auf eine Art verbunden fühlten, wie das lange nicht möglich schien, weil es eine gemeinsame schmerzhafte Erkenntnis gab: Wenn es drauf ankommt, steht man ziemlich alleine da.

Während ich dies hier im Dezember 2017, anderthalb Jahre nach dem Anschlag schreibe, merke ich, wie kitschig, wie weinerlich das wirkt. Wenn ich mir meine Orlando-Texte von damals durchlese, schäme ich mich fast für das Pathos, das Beschwörende, das in ihnen steckt. Ich fühle mich nicht ganz wohl dabei, sie in dieses Buch aufzunehmen, aber ich habe noch einmal durchgelesen, was andere in diesen Tagen nach Orlando geschrieben haben. Und ja: Es war einfach so. Betroffenheit ist ein ziemlich hohles Wort. Doch manchmal ist die Welt ziemlich unkomplex. Manchmal ist da eben nur Gefühl. Und manchmal fühlen eben ganz viele das Gleiche und während sie das tun, erkennen sie sich im anderen wieder. Die Tage nach Orlando sind so weit weg und deshalb ist es sinnvoll, sie sich noch einmal anzuschauen. Gerade, weil nach der „Ehe für alle" das Bedürfnis so groß ist, von Homos wie von Heteros, dass alles endlich „normal" ist, dass sich Lesben und Schwule endlich in der Mitte der Gesellschaft „angekommen" fühlen sollen, muss man daran erinnern, dass nicht viel dazu gehört, damit dem nicht so ist.

Viele Autorinnen und Autoren unterschiedlichster publizistischer und weltanschaulicher Richtungen, auch solche, die sonst nie oder selten zu homosexuellen Themen schreiben, machten nach Orlando ihre eigene Homosexualität nun zum Thema. Selten war es so wenig egal, ob man lesbisch oder schwul ist: „Es ist nicht eure Welt, die da zerschossen wurde." Die Überschrift von Adriano Sacks wütendem Text in der *WELT* brachte auf den Punkt, was viele fühlten. Er thematisierte auch, was sonst in deutschen Medien eher selten ist, die Kontraste in den Wahrnehmungen unter Journalistenkollegen:

„Als Journalist hege ich eine Abneigung gegenüber Texten, in denen Menschen Katastrophen persönlich nehmen. In diesem Fall fällt es mir schwer, das nicht zu tun. Denn egal, was meine wohlmeinenden Kollegen nun denken, äußern und schreiben. Es ist nicht unsere gemeinsame Welt, die da mit Maschinengewehrsalven zerschossen wurde. Sondern es ist meine."

Carolin Emcke in der *ZEIT* und Martin Reichert in der *taz* schrieben regelrechte Nachhilfestücke für Heteros über homosexuelle Schutzräume. Doch die Annahme dahinter, nämlich, dass Homosexuelle immer noch und auch in unserer Gesellschaft Schutz bedürfen und dass das alles auch mit rechtlicher Gleichstellung, einer in Deutschland damals noch verweigerten Gleichstellung zu tun hatte, passte nicht zum Selbstbild einer liberalen Gesellschaft, die so stolz auf ihren gütigen Umgang mit Minderheiten ist.

Dem Online-Magazin *Krautreporter* gab ich ein paar Tage nach dem Attentat ein Interview, in dem ich auf die „Riesendiskrepanz" in der Wahrnehmung des Ereignisses zwischen Homosexuellen und dem Rest der Öffentlichkeit hinwies:

„Bei *Charlie Hebdo* hat man sich genau angesehen, auf welchen Aspekt der Gesellschaft das abzielte. Da wurde ganz klar gesagt, dass das gegen die Meinungsfreiheit geht. Die Leute haben Bleistifte gepostet und es wurde über die Grenzen von Meinungsfreiheit diskutiert. Das Gegenteil ist jetzt passiert: kein Grund, über die Situation von Lesben und Schwulen oder Homophobie in unserer Gesellschaft zu reden. Ja, bitte, wann denn sonst?"

Und: „Wenn ein Attentat in der Kirche passiert, würde man darüber reden, wie bedroht Christen sind. Und wenn sich ein Anschlag gegen Juden richten würde, würde man darüber auch diskutieren. Wir sind, und das war das Subtile, die einzige Minderheit, über die man sich diese Gedanken anscheinend nicht machen muss. Und das ist es, was mir genauso viel Angst macht wie der Anschlag selbst."

Krautreporter zeichnet sich durch lange, reflektierte Texte aus, durch guten, aufklärerischen Journalismus. Wenn es eine Leserschaft geben würde, die bereit wäre, sich auf diese Perspektive einzulassen, dann darf man sie sicher dort vermuten. Und wahrscheinlich gab es diese Leser auch. Auf der *Krautreporter*-Facebookseite machten sie sich jedenfalls rar. Natürlich weiß ich, dass es eher die auf Krawall gebürsteten Menschen sind, die auf Facebook ihre Meinungsstärke dokumentieren. Doch nicht Krawall war das Problem, sondern freundliche Ignoranz. Unter den ersten zehn Kommentaren auf der Krautreporter-Facebookseite war fast kein einziger, der beleidigte. Aber fast auch kein einziger, der ohne einen der klassischen homophoben Untertöne auskam:

– Homosexuelle nehmen ihre Homosexualität zu wichtig, Homosexuelle stilisieren sich zum Opfer (*„sich permanent in die Opferrolle begeben und tagein tagaus darüber monieren wie unfassbar gegängelt man wird als Homosexueller"*, *„Ein Beitrag aus der Kategorie ‚how to be a Professional Victim'"*),

– Homosexuelle beklagen sich über Diskriminierung, obwohl sie doch gar nicht diskriminiert werden (*„ich bin deutsche & kenne niemanden, der mit homosexualität ein problem hat."*),

– Homosexuelle torpedieren ihren Wunsch nach Gleichheit, indem sie sich als etwas Besonderes herausstellen wollen (*„Da wurde ein (Terror?)Anschlag auf einen Schwulenclub = Schwule und Lesben verübt – nicht mehr und nicht weniger! Was ist daran jetzt das Problem? Wenn Homosexuelle Menschen sind wie du und ich, was gibt es dann in der Berichterstattung noch besonderes zu beachten? Langsam wird es echt aberwitzig!"*, *„Es wird doch nun seit dem Anschlag und auch schon davor, ständig diskutiert über Schwule und Lesben.... Was soll man denn noch machen??"*)

Es ist natürlich gemein, dass ich jetzt ausgerechnet eines der wenigen Medien erwähne, das sich Mühe gegeben hat, die andere, die queere Perspektive zugänglich zu machen. Aber ich tue das, um die Diskrepanz zu zeigen, die es eben geben kann, wenn es hart auf hart kommt, selbst bei solch einer Leserschaft. Denn: Nein, es wurde nicht ständig über Lesben und Schwule diskutiert. Im Gegenteil. Wenn Lesben und Schwule in diesen Tagen durch den Anschlag Thema waren, dann von der Erkenntnis geprägt, dass man über ihre Situation nicht diskutieren muss. Ich erwähne die Uniformität der *Krautreporter*-Kommentare (und die Tatsache, dass es lange dauerte, bevor es dazu überhaupt Gegenmeinungen gab) nicht deshalb, weil sie besonders krass waren, sondern weil sie ziemlich exakt den Stand des Diskurses, beziehungsweise des Nicht-Diskurses, in Deutschland ein Jahr vor der Eheöffnung widerspiegeln.

Der Frust in der deutschen Community darüber war besonders groß, weil noch ein gutes Jahr vorher bereits die Entscheidung der Iren für die „Ehe für alle" nicht dazu geführt hatte, dass die Deutschen ihre Gleichgültigkeit überwinden mochten.

Zur Erinnerung an die Stimmung damals deshalb ein kurzer Sprung in das Jahr zuvor, also 2015: ein Jahr vor Orlando, zwei Jahre vor der „Ehe für alle".

Anlass des folgenden Blogbeitrages war nicht nur die Entscheidung in Irland, sondern auch eine dieser immer wieder passierenden kleinen Mediengeschichten, in denen nicht die Homophobie des eigentlichen Beitrags das eigentlich Spektakuläre ist, sondern die Unfähigkeit der Redaktion, diese auch nach entsprechender Kritik wahrzunehmen. Im konkreten Fall riet eine Beratungs-Kolumne einer Sonntagsbeilage des *Westfalen-Blatts* davon ab, Kinder auf die „Hochzeit" (gemeint war damals natürlich die Verpartnerung) eines schwulen Bruders mitzunehmen, weil diese „durcheinandergebracht" werden könnten.

Nollendorfblog vom 25. Mai 2015
noch 767 Tage bis zur „Ehe für alle"
384 Tage vor Orlando

Es braucht zwei Tage, bis der Chefredakteur einer großen deutschen Regionalzeitung versteht, dass es homophob ist, wenn man eine Hochzeit zwischen zwei Menschen als sexuelle Provokation diffamiert. Zeitgleich stimmen die Iren über die „Homo-Ehe" ab und sind sich über Parteigrenzen darüber einig, dass sie ihr Land damit auf einen guten Weg schicken. Wir reden über Irland, das so katholisch ist, dass es sich erst im Jahr 1995 darüber einig werden konnte, Scheidungen zu legalisieren.

Mit dem, was eine konservative britische Regierung auf die Reihe bekommt, was (noch beachtlicher) im traditionell prüden Amerika zu beobachten ist, denkt Deutschland, sich nicht ernsthaft beschäftigen zu müssen.

Deutschland koppelt sich von westlichen Werten ab. Und bekommt es nicht einmal mit. Schlimmer als die Rückständigkeit in diesem Land ist nur noch die Selbstgewissheit, mit der es sich fortschrittlich fühlt. Das Land in Europa, das zu Demokratie und Menschenrechten gezwungen werden musste, ist der irrigen Meinung, anderen Ländern da irgendwie voraus zu sein. In Deutschland glaubt ein Großteil der Bevölkerung tatsächlich, man sei nicht homophob, wenn man das nur von sich behauptet.

Als die Deutschen im letzten Jahr Fußball-Weltmeister wurden, konnten sie sich nicht damit begnügen, die bessere Fußballmannschaft zu haben.

Sie mussten sich auch noch davon überzeugen, Toleranz-, Respekt- und Vorbildweltmeister zu sein.

Deutschland kommt sich so großartig vor, dass es nicht mehr mitbekommt, was um es herum gerade Großartiges passiert. ∎

Irland, das ist das Momentum, auf das alle so lange gewartet hatten. Irland, das wird alles ändern. Wenn man die Deutschen jetzt nicht davon überzeugen kann, dass die Eheöffnung auch bei uns kommen muss, ja bitte wann denn dann? Und wenn die Politik schon nicht spürt, dass es eine neue Lage gibt, die Bevölkerung wird es spüren und endlich aufwachen.

So oder so ähnlich wurde damals gedacht. Und zwar nicht nur von den Daueroptimisten. Es fand sich ein Community-Bündnis zusammen, wie es das noch nie gegeben hatte. Organisationen, die nie was miteinander zu tun hatten, die politisch und kulturell völlig konträr standen, sprangen über ihren Schatten. Darunter auch die, die nichts oder nicht besonders viel von der Ehe für Homosexuelle hielten. Das Gefühl, dass die Zeit nun reif ist, und gleichzeitig, dass man es nur gemeinsam schaffen kann, führten dazu, dass tatsächlich an einer gemeinsamen Kampagne gearbeitet wurde, dass sich auf unterschiedlichsten Ebenen die unterschiedlichsten Leute einbrachten.

Der größte Erfolg des Aktionsbündnisses war die allgemein akzeptierte Etablierung des Begriffes „Ehe für alle" als Ersatz für die „Homo-Ehe" in der öffentlichen Diskussion und Berichterstattung. Die Sängerin und Aktivistin Lili Sommerfeld hatte die an die französische „mariage pour tous" andockende Bezeichnung bereits Ende 2014, also noch vor dem Irland-Referendum, als Hashtag und

Namen für eine Facebookseite in Deutschland eingeführt und daraus eine Initiative gemacht, die sie auf einer Veranstaltung der Gruppe „Enough is Enough" vorstellte. Nach der Irland-Entscheidung einigten sich die 40 Gruppen des Aktionsbündnisses auf den Begriff und brachten ihn mit vereinten Kräften in die Öffentlichkeit.

Es wurde viel gearbeitet, und sicherlich hat die Kampagne auch viele Leute erreicht. Das einzige Problem war, wenn man ehrlich ist: Die eigentliche Botschaft, also die Notwendigkeit einer Eheöffnung nun auch in Deutschland, hat außer den Homosexuellen so richtig niemanden interessiert.

Es war nun nicht der Zug, auf den jeder aufspringen wollte. Das war die Situation damals. Frust: Das Momentum war keines. In Deutschland wird es kein Momentum geben.

Wie schon gesagt: Der folgende Blogbeitrag wirkt heute, Anfang 2018, seltsam kitschig, aber er ist erst anderthalb Jahre her. Und weder vorher noch nachher ist ein Beitrag meines Blogs auch nur annähernd so oft geteilt worden wie dieser. Es war also nicht nur ich, der so dachte. So etwas wie Orlando kann jederzeit passieren, und ich bin mir nicht sicher, ob die Situation dann so eine andere wäre.

Nollendorfblog vom 14. Juni 2016
noch 381 Tage bis zur „Ehe für alle"
2 Tage nach Orlando

Liebe Heteros,
 schon klar, das ist jetzt ziemlich pathetisch, pauschal und deshalb natürlich auch ungenau und ungerecht. Es trifft (erst recht, wenn Ihr Leser dieses

Blogs seid) wahrscheinlich zum Großteil die Falschen, und dann tut mir das leid.

Also noch mal:

Liebe Heteros, seit Jahren versuchen LGBTI*-Menschen (also Lesben, Schwule, Transmenschen, Bisexuelle, Ihr versteht schon: alle, die nicht so sind wie Ihr) herauszufinden, wie man Euch am besten für die Themen Homophobie, Gleichstellung und Aufarbeitung ansprechen und bewegen kann. Wie man mit Euch zusammen weniger Angst und mehr Gerechtigkeit erreichen kann. Und dass Deutschland bei all diesen Dingen sich nicht noch weiter entfernt vom Rest der offenen, freiheitlichen Welt.

Es gibt jetzt seit vielen Jahren offen homosexuell lebende Stars und Politiker, Ihr habt homosexuelle Kollegen, Freunde und Verwandte, durch die Ihr wisst, dass Ihr keine Angst vor uns haben müsst. Als Nachhilfe für Euch gibt es Aufklärungskampagnen, Charmeoffensiven und wütende, frustrierte Proteste. Aktionsbündnisse, spektakuläre Outings und Coming-outs, Filme, Bücher, Elternorganisationen, Demos und Werbeagenturen versuchen, Euch endlich aufzuwecken. Wir haben alles versucht, wir waren angepasst, kämpferisch, lustig und ernst.

Wir haben erklärt, zugehört, gestritten, verteidigt. Wir haben – fälschlicherweise – auf die Zeit vertraut, und dann (spätestens nach Irland) haben wir gehofft, dass auch Ihr merkt, dass jetzt endlich Zeit ist. Und auch das war falsch. Bitte sagt jetzt nicht, dass Ihr noch Zeit braucht! Seit mindestens zwanzig Jahren wisst Ihr alles, was man wissen muss über uns. Ihr wisst mehr, als Ihr wissen müsst, und mehr, als wir erzählen wollen.

Mindestens zwanzig Jahre hattet Ihr Zeit, Frieden zu machen mit Euren Ressentiments. Und wenn Ihr der Meinung seid, keine Ressentiments mehr zu haben: Wie viele Talkshows wollt Ihr Euch noch angucken, bis Ihr Euch dazu durchringen könnt, dass Eure Erkenntnis, dass wir auch Menschen sind wie Ihr, Euch dazu führt, auch etwas für unsere, etwas für gleiche Rechte zu tun?

Nein, Ihr braucht keine Zeit für noch mehr Erkenntnis, noch mehr Aufklärung. Wir wollen, können Euch nichts mehr erklären. Es ist alles, wirklich alles gesagt. Und es nervt uns, es immer wieder sagen zu müssen, und gebt es doch zu: Euch nervt es doch auch.

Ihr wisst doch eigentlich ganz genau, dass Eurer Ehe, Euren Kindern, dass der Gesellschaft nichts passiert, wenn auch Homos heiraten können, außer dass auch Homos heiraten können. Ihr wisst auch, dass es hirnrissig ist, wenn die neuen und alten vermeintlichen Konservativen die Werte der „klassischen Familie" beschwören, weil Ihr sowieso lebt, wie Ihr leben könnt und wollt und wie Ihr denkt, dass es richtig ist. Und weil Ihr wisst, dass wir das Recht haben, das auch zu tun.

Ihr braucht auch keine weiteren Vorzeige-Schwulen. Apropos: Wie könnt Ihr eigentlich damit leben, Leute wie Hape Kerkeling und Guido Maria Kretschmer anzuhimmeln und gleichzeitig nichts für deren Freiheit zu tun, den zu heiraten, den sie lieben? Eine Freiheit, die es bei fast allen unseren (westlichen) Nachbarn gibt und in Holland schon seit zehn Jahren?

Wieso überlasst Ihr es uns LGBTI*-Menschen, für die Freiheit Eurer Kinder zu kämpfen, das sein zu können, was sie sind, dafür, dass sie und Ihr in einer Gesellschaft mit möglichst viel Akzeptanz, Liebe und möglichst wenig Homophobie aufwachsen? Wieso müssen wir dauernd darauf hinweisen, wie alltäglich, bösartig und hinterlistig Homophobie ist? Bekommt Ihr das wirklich nicht mit? Oder ist es Euch vielleicht einfach egal? Wie kann das sein?

Ist es Euch nicht peinlich, in einem Land zu leben, das so stolz auf seine Vergangenheitsbewältigung ist, das aber ausgerechnet nichts mehr davon wissen will, wenn es um Schwule geht. Ist Euch bewusst, dass die Politik es nur aus einem Grund nicht schafft, die Opfer des Unrechts-Paragrafen 175 (der den Krieg und auch das Wirtschaftswunder überstanden hatte), nicht zu entschädigen für das Leid, das ihnen zugefügt wurde: weil es Euch egal ist.

Und jetzt Orlando. Ist es Euch nicht aufgefallen, dass Eure Kanzlerin, Euer Außenminister, Euer Bundespräsident (im Gegensatz zu den anderen maßgeblichen Staatsführern unserer westlichen, freiheitlichen Welt) es nicht über die Lippen brachten, der Gruppe zu gedenken, denen der Anschlag gegolten hat? Nämlich uns. Fandet Ihr es nicht komisch, dass der Eiffelturm (und das während der EM in Frankreich!), das neue World Trade Center und viele andere symbolhafte Gebäude auf der ganzen Welt im wahrsten Sinne zu (regenbogenfarbenen) Leuchttürmen unserer nach Freiheit, Gleichheit und Gerechtigkeit strebenden Zivilisation wurden, während sich ausgerechnet Deutschland – wieder einmal! – aus dieser Solidarität, diesem Bekenntnis zu den Werten unserer Zivilisation ausgeklinkt hat?

Hat Euch das wütend gemacht, wie Euch das eigentlich wütend machen müsste? Was habt Ihr getan? Habt Ihr Eure Politiker wissen lassen, wie unerträglich Ihr das findet?

Habt Ihr mal auf Facebook nachgeschaut oder einfach mal nachgefragt, wie es Euren LGBTI*-Freunden, -Kollegen und -Verwandten jetzt nach Orlando gerade geht, was sie beschäftigt? Und Euch Gedanken gemacht, warum das so ist?

Habt Ihr an Eure Lokalzeitung geschrieben, weil die es nicht auf die Reihe bekommen habt, das klar zu sagen, was war, nämlich ein Attentat auf Lesben und Schwule? Habt Ihr Euch mal überlegt, wie fies die Äußerung der Kanzlerin „Wir werden unser offenes und tolerantes Leben fortsetzen" ist? Weil, erstens, dieser Anschlag nicht dazu geeignet ist, die notwendige Toleranz in unseren westlichen Gesellschaften als gegeben festzustellen, sondern diese – ganz im Gegenteil – zu hinterfragen. Und weil, zweitens, Toleranz, also Dulden, nun wirklich nicht mehr das sein sollte, was wir in diesem Jahrtausend als erstrebenswert ansehen sollten? Und wenn Ihr daran Zweifel habt: Habt Ihr Euch die Rede des amerikanischen Präsidenten angeschaut? Wie lange braucht Ihr noch, um zu verstehen, dass unser Land gerade die Geschichte verpennt?

Und jetzt, wo vieles dafür spricht, dass der Attentäter selbst schwul gewesen sein könnte, denkt Ihr vielleicht, dass Ihr noch weniger mit der ganzen Sache zu tun habt, als sie Euch bisher schon gekümmert hat? Weil hier ein Schwuler – und nicht ein Hetero wie Ihr – aus Hass heraus Schwule umgebracht hat?

Glaubt Ihr wirklich, Schwule würden sich selbst für Ihr Schwulsein hassen, ohne das Wissen, das Gespür, ohne die Angst, dass Heteros das tun?

Den Hass gegen Schwule, auch der Selbsthass der Schwulen (gegen sich selbst und andere Schwule), kann nur überwunden werden, wenn die Heteros anfangen, für eine freie, gerechte und angstfreie Welt für Homos und Heteros zu kämpfen. Die rechtliche Gleichstellung wäre ein Anfang, eine Grundvoraussetzung. Und eine Errungenschaft, die auch und mehrheitlich von Heteros auf der ganzen Welt bereits für ihre Länder erkämpft worden ist. Was hält Euch eigentlich auf? Ihr seid es nicht nur uns, sondern auch Euch schuldig.

Liebe Heteros, jetzt seid Ihr dran!

ANGST

Woran macht man fest, dass es wieder rückwärts geht? Vom sogenannten „Backlash" war immer schon die Rede. Immer, wenn es nach vorne geht, schwingt die Sorge mit, dass der Fortschritt auch eine Gegenbewegung zur Folge hat. Der Backlash, beziehungsweise das Reden über ihn, ist insofern also auch ein psychologisches Phänomen. Man traut der Sache nicht. Man sucht nach Anzeichen der Brüchigkeit.

Es gibt objektive Fakten, die belegen, dass es besser wird, aber gibt es auch objektive Fakten für das Gegenteil?

Ein Indikator für eine steigende Homosexuellen- und Transfeindlichkeit ist die Gewaltrate gegen Trans- und Homosexuelle. Doch schon hier wird es problematisch. Was man in Deutschland wohl sicher sagen kann, ist, dass die Angst vor Gewalt gestiegen ist. Aber es ist schwer, eine allgemeingültige Aussage über die tatsächlichen Taten zu treffen.

Der Report des Berliner Anti-Gewalt-Projekts Maneo aus dem Jahr 2016 weist vor allem darauf hin, dass viel mehr Fälle bekannt werden, führt das aber auch darauf zurück, dass die Zusammenarbeit mit der Polizei sich stark verbessert hat. Eigentlich ist seit 2001 bundesweit einheitlich geregelt, dass homo- und transphobe Straftaten als Hasskriminalität im kriminalpolizeilichen Meldedienst als „politisch motivierte Kriminalität" (PMK) erfasst werden. Doch nur in Berlin wird so viel Aufwand betrieben, diese Taten als solche zu erkennen und zu benennen. Das hat etwas mit Polizeiausbildung und -sensibilisierung zu tun, aber auch mit der Sensibilisierung der Szene: Da es etwa bei der Berliner Staatsanwaltschaft eine eigene Zuständigkeit und Anlaufstelle für solche Delikte gibt, aber auch, weil die Fälle mit ihrem homo- oder transphoben Hintergrund in den Medien kommuniziert werden, trauen sich immer mehr Opfer nicht nur, überhaupt Anzeige zu erstatten, sondern auch die homo- oder transphoben Motivationen der Täter zu benennen, weil sie wissen, dass ihnen Gehör geschenkt und gegen die Täter ermittelt wird.

Was man für Berlin sagen kann: Der Dunkelbereich wird immer kleiner, aber er ist noch viel zu groß, um irgendeine Aussage über homo- oder transphobe Gewaltentwicklung treffen zu können. Da es im Rest von Deutschland deutlich weniger statistisch genaue Erfassungen gibt, lassen sich hier erst recht keine Trends bestimmen.

Dass das so ist, ist auch politisch gewollt, wird zumindest aber in Kauf genommen. Es gibt keine bundesweite öffentliche Auswertung der im kriminalpolizeilichen Meldedienst erfassten homo- und transphoben Hassdelikte. Unabhängig davon hatte der LSVD 2014 dafür gekämpft, dass Homo- und Transphobie bei der Überarbeitung des Strafrechtsparagrafen 46 als Tatgründe für die Hasskriminalität aufgenommen wird, was am Widerstand der Union gescheitert ist. Eine entsprechende Definition wäre wichtig gewesen, damit bei der Polizei und der Justiz entsprechende Taten zielgerichtet verfolgt und einfacher zugeordnet werden können. Dies geschieht oft deshalb nicht, weil der Straftatbestand nicht im Gesetzestext steht, auch wenn die Anzeigen entsprechend formuliert sind.

Andererseits wird immer wieder von einer deutlichen Zunahme der Kriminalität besonders im Berliner Schöneberger Kiez berichtet, aber auch da wird es komplexer. Gestiegen sind wohl vor allem Raubstraftaten. Die

„Lieblingsbar" in der Eisenacher Straße begründete z.B. ihre Schließung mit der angestiegenen Kriminalität dort, doch in der Szene werden auch Zweifel daran geäußert, einige halten das für vorgeschoben. Es gibt im Umfeld der Fuggerstraße wohl eine erhöhte Stricherkriminalität. Aber sind Übergriffe auf Schwule aufgrund von Raub als homophobe Angriffe zu werten? Schwule werden oft bewusst als Opfer ausgesucht, weil sie als leichte Beute gelten und möglicherweise keine Anzeige erstatten. Auch das hat etwas mit Homophobie zu tun, doch nicht unbedingt etwas mit einer homophoben Motivation der Täter.

Meldungen über Übergriffe in den Medien häufen sich, doch es ist schwer, über die Art dieser Übergriffe ein angemessenes Bild zu erhalten. Nachfragen, was genau passiert ist, der Versuch, die Taten ins Verhältnis zu setzen, ist kaum möglich. Stets wird dies vom Vorwurf begleitet, diese verharmlosen zu wollen. Dabei gibt es nichts zu verharmlosen: Es geschehen viel zu viele, viel zu brutale Gewalttaten. Für Berlin meldet Maneo, dass sich täglich Übergriffe ereignen. Es gibt viel zu viel Gewalt gegen Homosexuelle und die Gesellschaft will davon recht wenig wissen. Und natürlich muss auch benannt werden, dass es viele Übergriffe von Menschen aus dem islamischen Kulturkreis gibt; natürlich ist Homophobie dort ein besonders großes Problem.

Aber auch hier liegen keine Zahlen vor, die Aussagen darüber zulassen, wie groß der Anteil der Taten aus dieser Bevölkerungsgruppe ist. Es ist nicht einmal möglich zu sagen, ob sich der prozentuale Anteil an homophoben Straftaten aus dieser Gruppe erhöht hat.

Wir wissen nicht, ob alles schlimmer wird. Und die Tatsache, dass in Berlin, wo homophobe Taten in der Kriminalstatistik dezidiert geführt werden, besonders viele

Fälle bekannt werden und wo die Zahlen zurzeit jährlich steigen, könnte theoretisch auch das Gegenteil bedeuten: Dass sich mehr Opfer trauen, sich zu melden, dass sich mehr Opfer trauen, den homophoben Aspekt zu artikulieren, dass die Bereitschaft und die Kompetenz der Polizei steigen, Homosexuellenhass als Hintergrund einer Straftat zu erkennen und auch zu melden.

Es gibt sowohl ein Problem mit homophober Gewalt als auch das Problem, dass wir sie nicht wirklich kennen. Dies führt dazu, dass der Umgang mit der vorhandenen Angst so besonders schwierig ist. Diese Angst verselbstständigt sich und führt zu neuen Problemen. Wäre es nicht ein gutes Zeichen, wenn trotz des rasanten Anstiegs der Flüchtlingszahlen und des damit verbundenen Anstiegs der hier lebenden Menschen aus dem islamischen Kulturkreis sich die Zahl homophober Übergriffe nicht nennenswert erhöht hätte? Auch wenn eine homophobe Prägung bei vielen dieser Menschen vermutet wird, könnte es nicht auch sein, dass diese hier in Deutschland viel weniger eine Rolle spielt, als wir denken? Wir wissen es nicht.

Kann es sein, dass wir Blicke, die uns in der U-Bahn und auf der Straße treffen und die uns beängstigen, missdeuten? Dass wir aufgrund dieser ganzen diffusen Angst die Chance nicht wahrnehmen, auf diese Menschen zuzugehen? Und sie auf uns? Das sind keine rhetorischen Fragen; ich wüsste das wirklich gerne. Und selbst wenn diese Blicke homophob sind, bedeutet es dann auch, dass dahinter eine Gewaltbereitschaft vermutet werden kann?

Es klingt banal, aber unterstellen wir Menschen mit Migrationshintergrund vielleicht eher als den Alteingesessenen, dass ihre Homosexuellenfeindlichkeit auch zu Tätlichkeiten führt? Kann alles sein. Kann alles nicht sein. Auch ich schreibe in meinem Blog, dass die Gewalt gegen

Homosexuelle steigt. Ich glaube auch, dass das so ist. Aber ich muss zugeben, dass ich es nicht weiß.

Ob jemand einen Backlash verspürt und woran er das festmacht, ist für jeden unterschiedlich. Ich habe selbst keine Gewalterfahrung. Vielleicht würde ich dann völlig anders reden. Ich habe auch, obwohl ich seit über zehn Jahren am Nollendorfplatz in Berlin wohne und obwohl von dort eine Häufung von Gewalt berichtet wird, diese noch nie direkt mitbekommen. Auch das mag reines Glück sein.

HOMOPHOBIE IST
KEINE MEINUNG

Trotzdem hat auch mein Gefühl des Backlashs mit meinem Leben am Nollendorfplatz zu tun. Ausgerechnet an einem der wenigen Orte in Deutschland, an dem seit Jahrzehnten Homosexualität öffentlich sichtbar gelebt wird, kam es zu einer verstörenden Situation. Der Chef einer Eisdiele hatte im Mai 2009 ein lesbisches Pärchen attackiert, das sich vor seinem Lokal geküsst hatte. Ähnliche Übergriffe soll es schon öfter gegeben haben, aber diesmal zeigte das Paar den Besitzer an. Die damals noch neue Socialmedia-Kultur verbreitete den Vorfall und führte zu einer relativ spontanen Protestaktion, die eigentlich nur direkt vor der Eisdiele stattfinden sollte. Aber es kamen nach Angaben der *taz* ca. 2000 Teilnehmer zusammen, so dass die ganze Maaßenstraße vom Nollendorfplatz bis zum Winterfeldmarkt voll von Menschen war. Ich stand damals direkt vor dem Lokal, als der Besitzer nach draußen kam. Er wollte sich erklären. Das sei alles ein großes Missverständnis. Er habe nichts gegen Homosexuelle. Viele seiner besten Freunde, und so weiter. Aber Küssen! Küssen ginge nicht vor seinem Lokal, wegen der Kinder. Es kam zu heftigen Diskussionen. Immer wieder beteuerte er, wie absurd Homophobie-Vorwürfe gegen ihn seien. Ausgerechnet gegen ihn. Und immer wieder sagte er: „Aber die Kinder!"

Was mich damals beeindruckte, war, wie sicher er seiner Sache war, wie unbeirrt er seine Homophobie vertrat. Und gleichzeitig tatsächlich erwartete, dass er damit durchkam. Ich glaube, dass die Tatsache, dass so viele Menschen zu dieser Protestaktion gekommen sind, auch damit zu tun hat, dass der Nollendorfplatz von diesen Menschen wie ein Seismograf betrachtet wird: Wenn schon am Nollendorfplatz die Wirte anfangen, gegen sich küssende Lesben vorzugehen, was heißt das eigentlich für den Rest der Republik? Und ich glaube, dass diese Menschen recht hatten. Ich glaube, dass in dieser Zeit sich etwas verändert hat. Es war zwar nur ein Einzelfall, der solche Wellen schlug, aber es war halt auch ein Präzedenzfall. Offensichtlich hatte nicht nur ich das Gespür, dass da was im Anmarsch ist. Dass ein Protest wie dieser, den es in Berlin lange Jahre nicht mehr gegeben hatte, so zu verstehen war. Es liegt etwas in der Luft. Das Sprechen über Homosexuelle ändert sich. Wegen einer einzigen einmaligen Sache wären alle diese Menschen nicht zum Nollendorfplatz gekommen.

Ein weiteres Indiz für die Veränderungen fand sich am nächsten Tag im Berliner *Tagesspiegel*. Harald Martenstein, sowohl für das *ZEITmagazin* als auch für den *Tagesspiegel* tätig, schrieb dort:

„In Schöneberg gibt es eine Eisdiele, die ‚Dolce Freddo' heißt. Deren Besitzer hat ein lesbisches Paar angemacht, welches vor seinem Laden knutschte, angeblich heftig. Seine türkischen Kunden würden sich gestört fühlen. Dass vor dieser Eisdiele nun ein homosexuelles ‚Kiss-in' stattgefunden hat, finde ich völlig in Ordnung. Gleich daneben befindet sich allerdings die Pizzeria ‚Dolce Pizza', die nur zufällig ähnlich heißt. Deren Besitzer klagt darüber, dass er bedroht wird. Auch seine Angestellten würden bedroht, obwohl einige von ihnen selber homosexuell sind. Um sich zu schützen, hat der Pizzamann nun vor seinem Laden die Regenbogenfahne gehisst."

Selbst wenn der Pizza-Imbiss auch etwas von der Wut gegen den benachbarten Eis-Nachbarn abbekommen haben sollte, selbst wenn da Leute aus Versehen und zu unrecht beschimpft worden wären: Natürlich gab es keine Szenen, die auch nur im Ansatz eine Bedrohung für irgendjemand dargestellt hätten. Das Ganze war, wie fast jede homosexuelle Kundgebung, eine völlig gewaltfreie Geschichte. Ich weiß das, weil ich direkt daneben stand, und auch Martenstein weiß das, obwohl der nicht daneben stand. Ich habe damals geschrieben: „Mir ist kein einziger Fall von schwulem Protest in Deutschland bekannt, der in Gewalt umgeschlagen ist. Bei fast jedem einzelnen Fußball-Zweitligaspiel gibt es wahrscheinlich mehr Ausschreitungen als bei allen CSDs in Deutschland der letzten 20 Jahre zusammen."

Martenstein erzählt die Geschichte eines Übergriffs auf Homosexuelle als einen Übergriff von Homosexuellen: Er kombiniert den Vorfall mit einem anderen, bei dem einem CDU-Mann auf dem Kreuzberger „Myfest" bedeutet wurde, dass man nicht für seine Sicherheit garantieren könne, und schreibt:

„In Kreuzberg, offenbar auch in Schöneberg, gibt es seit ein paar Jahren Gesinnungs-Bullen. Sie schicken Rollkommandos. Man muss Regenbogenfahnen hissen, um nicht verprügelt zu werden, man darf nicht für die CDU sein, man soll nicht bei McDonald's essen, es ist das perfekte Spießertum. Ein Spießer ist jemand, der andere Lebensweisen und andere Gesinnungen nicht aushält. Diese Leute sind ungefähr so, wie in den 50er Jahren die schlimmsten Hausmeister waren."

„Man muss Regenbogenfahnen hissen, um nicht verprügelt zu werden." Das ging damals einfach so durch. Es ging vor allem bei jemandem durch, der im gleichen

Artikel behauptet: „Ja, natürlich, ich bin gegen Homophobie, diese Haltung ist nicht akzeptabel." Die Passage endet mit: „Aber ich weiß, dass ich selber auf Dauer nur frei sein kann, wenn ich stark genug bin, die Freiheit der anderen auszuhalten."

Martenstein macht das Gleiche wie der Chef der Eisdiele, nur noch etwas dreister, weil er sich seine Geschichte einfach so zusammenbastelt, wie sie ihm passt. Weil selbst wenn es unter diesen zweitausend Protestlern tatsächlich welche gegeben haben sollte, die tatsächlich eine Bedrohung gewesen wären. Wie wäre das zu rechtfertigen gewesen mit solchen Formulierungen für solche Schlüsse?

Ich hatte so etwas vorher in einer deutschen Zeitung noch nicht gelesen. Aber Martenstein war ja nicht irgendwer, galt als Liebling des links-liberalen Bürgertums, jemand, der ein Gespür dafür hat, was diese Leute bewegt, der ihnen aus der Seele spricht. Wenn so jemand jetzt anfangen würde, so zu reden, dann hatte sich tatsächlich etwas verändert.

An dem Tag, als Martenstein im *Tagesspiegel* so tat, als gäbe es ein Problem mit Homosexuellen, weil sie andere Lebensweisen nicht aushalten könnten, weil sie ein Problem mit der Freiheit der anderen hätten, habe ich angefangen zu bloggen.

Ich war mir sicher: Wenn ein Wirt am Nollendorfplatz, wenn ein liberaler Starkolumnist ihr Bekenntnis für Homosexuelle in so ähnlicher Weise mit einem „Aber" versehen würde, dann ist da mehr im Anflug.

Mein Blog fand damals weitgehend unter Ausschluss der Öffentlichkeit statt. Intuitive, holprige Texte, die oft voraussetzten, dass meine Leser schon wüssten, was ich meine. Was sie auch meist taten, weil sie mich persönlich kannten. Es war mehr ein Festhalten von Dingen, die mir auffielen, als der Versuch, sie zu erklären. Der dritte Beitrag ging um einen Auftritt des deutsch-russischen Schriftstellers Wladimir Kaminer in der Vorabshow zum *Eurovision Song Contest*, der 2009 in Russland stattfand. Es gab einen Einspieler über homophobe Gewalt in Moskau, die von Kaminer mit dem Satz „Die Russen sind nicht schwulenfeindlich, sie sind schwulenfreundlich, sie zeigen es nur nicht" kommentiert wurde. Ich schrieb über diese Äußerung, die ich mir nicht aufgeschrieben hatte und auch zunächst nicht im Netz finden konnte, in meinem Blog, ohne sie zitieren zu können. Etwas, was ich mich natürlich heute nicht trauen würde, aber so war das damals halt. Später hatte ich dann in Stefan Niggemeiers Blog einen Beitrag dazu gefunden, in dem das Zitat stand und in dem auch ein Video eingebunden war.

Ich weiß noch, was ich damals bei Kaminer dachte: „Wieder so ein netter liberaler Publikumsliebling, der Homophobie verharmlost. Und wieder einer, dem man das offensichtlich nicht übel nimmt." Ich weiß auch noch, dass ich die Diskussion in Niggemeiers Blog aufmerksam verfolgt hatte. Der überwiegende Tenor: Alles halb so wild. Der meint das nicht so. Und wenn er es so meint, dann ist es nicht homophob.

So würde das in Zukunft auch oft in meinem Blog sein. Ich würde Dinge aufschreiben, die ich für problematisch hielt. Und eine der häufigsten Reaktionen würde die sein, dass ich da übertreibe, dass ich mich an Dingen aufhalte, die doch nicht so schlimm seien. Und damit hatten diese Reaktionen ja auch meist recht: Das, was mich am meisten interessierte, waren oft Nebensächlichkeiten. Dahingesagtes. Natürlich habe ich mich auch an der katholischen Kirche abgearbeitet, aber den Papst dafür kritisieren, dass er homophob ist, heißt, den Papst dafür kritisieren, dass er katholisch ist.

Und mit dem Bloggen ist es halt so, dass man das einfach so machen kann, ohne Plan. Man muss nicht sagen: „Die nächsten Jahre werde ich mal verfolgen, wo die Entwicklung so hingeht." Man kann einfach loslegen. Man kann danach eine Weile gar nichts schreiben, und dann ist, gerade in der Anfangszeit, die Wahrscheinlichkeit auch groß, dass es das gewesen ist, dass man keine Lust mehr hat, das einen das Thema nicht mehr interessiert und einem nichts mehr einfällt. Dann denkt man nicht: „Ich muss jetzt mal wieder was für mein Blog schreiben." Es gibt ja auch nicht den Leserstamm, aus dem heraus gefragt wird, wann denn da wieder was kommt. Bei mir war es eher wie bei einem Notizbuch, das herum liegt. Wenn mal was ist, falls mal was ist.

Aber mit so einem Blog ist es halt auch so, dass, wenn es nun einmal da ist, man direkt wieder loslegen kann, wenn einem wieder etwas auffällt. Und dann waren eben diese vielen Kleinigkeiten, von denen ich dachte, das hätte es doch so früher nicht gegeben, dass so jemand so etwas sagt. Und wenn, dann wäre es ein großes Thema gewesen, und nicht so, eben: nebenbei. Wenn etwa Dr. Motte, der Gründer der Loveparade, auf der sogenannten „Fuckparade" ins Mikro schreit: „... es ist unser Land. Ihnen gehört es nicht, aber uns allen? Und ich fordere alle Politiker auf, auch unseren Regierenden Bürgermeister mit seiner schlechten, schwulen Politik, die keiner braucht!" Einfach so. War ja nicht so gemeint.

Immer deutlicher wurden die immer wiederkehrenden Argumentationsraster, wie sie schon von Harald Martenstein verwendet wurden. Mein Eindruck war: Die Heftigkeit der Aussagen nahm zu und gleichzeitig wuchs die

Bereitschaft auch in nicht-konservativen Medien, darin kein Problem zu sehen. Oder sie nicht als heftig zu empfinden. Als dann die damals noch sogenannte „Homo-Ehe" häufiger Thema in den Medien war, war das Ende der Toleranz für Homosexuelle schnell erreicht. Eine Talkshowausgabe von *hart aber fair* mit Frank Plasberg setzte dabei Ende 2012 neue Maßstäbe.

Sie hatte den Titel „Papa, Papa, Kind: Homo-Ehe ohne Grenzen?" Das Konzept der Show hatte etwas von einem Homosexuellen-Tribunal: Fanatische Homohasser durften Homosexuellen die Natürlichkeit und Legitimität ihrer sexuellen Identität in Abrede stellen und Homosexuelle durften sich dann dagegen verteidigen, ohne dass der Moderator die Unterstellungen als solche klassifizierte. Damit das so richtig im Sinne der Sendung in die Hose gehen konnte, hatte sich die Redaktion auch für die Besetzung der „Diskutanten" etwas Besonderes ausgedacht: Die eine Seite war mit professionellen Homogegnern ausgestattet, also Menschen, die berufsmäßige Experten in der Herabsetzung Homosexueller waren und schon seit Jahren dazu veröffentlichten und öffentlich agierten. Die Kompetenz der Homosexuellen, die sich gegen diese Argumentationsmuster erwehren sollten, bestand laut Redaktionslogik vor allem darin, selbst homosexuell zu sein. Das bedeutet nicht, dass der Schauspieler und Moderator Ralf Morgenstern und die Sängerin Lucy Diakovska (Lucy von den No Angels) ihre Sache nicht unter den Umständen bestmöglich gemacht hätten, beide sind ja auch glaubwürdige Repräsentanten der Community, für die sie sich seit Jahren engagieren. Aber Experten für den fortgeschrittenen Homohass waren sie natürlich nicht. So durften sich Morgenstern und Diakovska dann etwa – vom Moderator unwidersprochen – von dem Publizisten Martin Lohmann ins Gesicht sagen lassen, dass sie als Homosexuelle in einem Irrtum lebten, der nicht der Schöpfungsordnung entspreche, und dass nur heterosexueller Sex verantwortlicher Sex sei.

Plasberg verstand seine Rolle vor allem darin, das Tribunalhafte seiner Tribunalsendung auf die Spitze zu treiben.

Für das Medien-Debattenportal *VOCER* hatte ich das ein halbes Jahr später so beschrieben:

vocer.org vom 10. Juni 2013
noch 1481 Tage bis zur „Ehe für alle"

Man hatte in der Vorbereitung alles getan, eine Frage von Grundrechten als die eines schrägen Lifestyles zu inszenieren. Man hatte auch vorsorglich die Rollen der Pro-Homorechte-Diskutanten mit zwei Unterhaltungskünstlern besetzt. Aber selbst darauf kann man sich ja heutzutage nicht mehr verlassen.

Bevor überhaupt diskutiert wurde, gab es deshalb zur Einführung in das „Homo-Ehe"-Thema einen Einspielfilm über einen schwul-lesbischen Weihnachtsmarkt („nicht nur der Glühwein heizt hier ein"). Inklusive Travestieshow natürlich sowie rhythmisch tanzenden halbnackten männlichen Unterhosenmodels, diesmal auf einer „sogenannten Sport-Modenschau".

Die Plasberg-Redaktion war sich aber wohl immer noch nicht sicher, ob ihr mit diesem Film die angemessene Einstimmung auf die Frage gelungen war, ob man solche Menschen tatsächlich auf kleine Kinder loslassen dürfe. Für die von der Redaktion offensichtlich als notwendig betrachtete Verstörungsstufe fehlte noch der ultimative Kick.

Was Plasberg dann in die Kamera hielt, war, na ja, ein Adventskalender, den die Redaktion auf dem homosexuellen Weihnachtsmarkt erworben hatte. „Sexy X-Mas" stand darauf unter einem Foto mit Männermodels, die mit glitzernden Boxershorts und Weihnachtsmützen bekleidet sind, während sie vor einem Weihnachtsbaum Geschenke auspacken.

In anderem Kontext hätte man dieses eher biedere Foto wohl dem Merchandise-Sortiment der Chippendales oder sonstigen Heroen des Junggesellinenabschieds zugeordnet. Und wer einmal an dem Sortiment eines Bahnhofskiosks oder bei *bild.de* vorbeigelaufen ist, vermag sich beim besten Willen nicht vorzustellen, dass man mit einem solchen Kalenderfoto überhaupt irgendeine Diskussion anzetteln kann.

Eine Geschmackssache ist nur dann eine Geschmackssache, wenn es um den von Heteros geht. Bei dem Adventskalender von Homosexuellen aber schrillen bei jemandem wie Plasberg die Alarmglocken. Wie ein Staatsanwalt in einem Indizienprozess kurz vor dem Ende eines Hollywood-Gerichtsfilmes präsentierte er den Kalender wie eine Trophäe. Stolz, als hielte er das befleckte Kleid von Monica Lewinsky, in den Händen, endlich: das alles erklärende Beweisstück für die alles entscheidende Frage.

Plasberg:

„Wieso fordert eigentlich jemand gleiche Rechte, wenn er sonst so viel Wert aufs Anderssein legt?"

Atempause.

„Sogar an Weihnachten!"

Und damit niemand auf die Idee käme, er, Plasberg, habe sich mal eben in eine lebende *BILD*-Schlagzeile verwandelt und niemand glauben möge, diese rhetorische Frage sei das, was sie ist, nämlich eine rhetorische Frage, erklärt er diese dann noch zum ganz persönlichen Erweckungserlebnis: Die Existenz eines schwul-lesbischen Weihnachtmarktes, auf dem solche Kalender verkauft würden, sagt er dann, lasse ihn daran zweifeln, ob er tatsächlich sei, was er bisher dachte zu sein. Nämlich, ein „berufstoleranter Großstädter". ∎

Drei Monate nach der Plasberg-Sendung gab es in der Bildungsakademie Waldschlösschen in Zusammenarbeit mit dem BLSJ, dem Bund Lesbischer und Schwuler JournalistInnen, eine Tagung mit dem Titel „Alles nur schrill und sexy? Wie schwule und lesbische Themen in die Medien kommen. Bestandsaufnahme – Analyse – Recherche", zu der man mich angeschrieben hatte, ob ich als schwuler Blogger nicht teilnehmen möchte.

Das Waldschlösschen bei Göttingen ist die bundesweit wichtigste LGBTI*-Bildungsstätte und hat ihre Wurzeln in der Schwulenbewegung der 1970er. Der BLSJ hat sich 1997 gegründet und setzt sich für eine faire Berichterstattung über Lesben und Schwule ein. Bei der Tagung waren VertreterInnen fast aller Redaktionen der damals wichtigen queeren deutschen Medien anwesend; die Leitung hatten Ulli Klaum vom Waldschlösschen und der Autor Elmar Kraushaar, Kolumnist der damals noch in der *taz* (und vorher von 1985 bis 2003 in der *Siegessäule*, und dann im *magnus*) erscheinenden Glosse „Der homosexuelle Mann".

Auf der dreitägigen Klausur gab es eine Paneldiskussion über das Thema Outing, u.a. zwischen der damaligen *taz*-Chefredakteurin Ines Pohl und ihrem damaligen langjährigen Kolumnisten Kraushaar, bei der sich die beiden übrigens das erste Mal im echten Leben begegnet sind. Der Hauptanlass der Veranstaltung war aber ein anderer: In Arbeitsgruppen sollte das Faltblatt „Schöner schreiben über Lesben und Schwule" diskutiert und weiterentwickelt werden, das der BLSJ 2011 initiiert hatte. Das war zweifellos eine wichtige Sache. Es ging darum, Journalistinnen und Journalisten, die über homosexuelle Themen schreiben, eine schnelle und verständliche Hilfestellung für die Verwendung entsprechender Begrifflichkeiten zu geben und ihnen auch die wichtigsten Hintergründe zu erläutern. So wurde zum Beispiel erklärt, dass „Elke ist eine bekennende Homosexuelle" eine umstrittene unterschwellige Herabwürdigung bedeutet, man bekenne sich ja zu Straftaten, „zumindest aber zu einer Bürde oder Religion. Homosexuelle Handlungen sind jedoch längst keine Straftat mehr. Und das mit der Bürde nehmen wir gerade in Angriff …". Vorschlag also: „Elke lebt offen lesbisch.' Oder besser beiläufig wie bei Heterosexuellen auch: ‚Elke lebt mit ihrer Freundin', ‚Elkes Lebensgefährtin ist …'" Ebenso wurden problematische Zuschreibungen diskutiert wie „Der eingefleischte Junggeselle", das „Homosexuellen-Milieu" und „schrill" – das deutsche Homosexuellenadjektiv schlechthin.

Ich fand und finde diese Aufklärungsarbeit ungeheuer wichtig. Nicht nur, weil die durch die Verwendung solcher Begriffe Ressentiments konserviert werden, sondern auch, weil Medienleute durch eine solche Ansprache tatsächlich die Möglichkeit haben, ihr persönliches Bild von

Lesben und Schwulen grundsätzlich und anhand konkreter Fallbeispiele zu reflektieren.

Allerdings hatte ich den Eindruck, dass es verschenkt gewesen wäre, hätte sich die ganze Teilnehmergruppe mehrere Tage fast ausschließlich mit dieser mehr oder weniger redaktionellen Arbeit beschäftigt. Ich fand, dass die derzeitige Darstellung Homosexueller in den Medien mehr bedürfe als die Aufklärung über problematische Begriffe. In den Medien hatte sich grundsätzlich etwas verändert, was über die bekannten Abwertungen, die Klischees und die Verwendung solcher Wörter und Zuschreibungen hinausgeht. Wir befinden uns mitten in einer Entwicklung und diese neue Form der Homophobie verlangt auch neue Formen des Widerspruchs.

Ich war nicht nur der Meinung, dass der Zeitpunkt für ein Statement der Community, ein gemeinsam formulierter Aufruf gegen diese Entwicklung gekommen sei, sondern auch, dass diese Runde geeignet wäre, für ein solches zu stehen. Hier war fast die komplette Bandbreite lesbisch-schwuler Medienleute vertreten, sowohl inhaltlich als auch was die verschiedenen Formate betraf. Wenn es in einer solchen Gruppe nicht möglich wäre, die Probleme beim Namen zu nennen, entsprechende Schlussfolgerungen zu ziehen und ein brauchbares Tool für Auseinandersetzung zu entwickeln, wo denn dann? Und wenn es möglich wäre, dann wäre das auch genau der richtige Absender.

Diskussionen unter meinungsstarken Schwulen können eine gewisse Wucht entfalten. Entsprechende Diskussionen unter Lesben wahrscheinlich auch. Und Diskussionen zwischen Lesben und Schwulen, erst recht, wenn Grundsätzliches verhandelt wird, stehen oft nicht unter einem guten Stern. Auch damals im Waldschlösschen ging es zur

Sache, aber ich bin heute noch froh und allen Teilnehmenden dankbar, dass es möglich war, gemeinsam um ein zweckmäßiges Vorgehen zu streiten und sich am Ende zu einigen.

Möglich war das, weil es schließlich zu einer gründlichen Bestandsaufnahme der Situation unserer Minderheit in der öffentlichen Debatte kam, die nichts beschönigte. Es gab und es gibt unter Lesben und Schwulen immer auch das verständliche Bedürfnis, die Angriffe auf die eigene Gruppe nicht so nah an sich heranzulassen. So hatte Elmar Kraushaar recht, wenn er forderte, man müsse nun endlich raus aus der Opferrolle. Doch dies, und darum ging es dann schließlich im Kern der Diskussion, durfte eben nicht dazu führen, dass man da, wo man Opfer ist, dies eben nicht mehr benennen kann. Schließlich waren sich alle darüber einig, dass Sendungen wie die Plasberg-Folge zur „Homo-Ehe" eine neue Dimension bedeuteten, die sich niemand von uns hatte vorstellen können, dass die dort eingesetzten Methoden in den Medien immer häufiger verwendet wurden und dass unsere Kritik daran entweder ungehört verhallte oder auf allgemeines Unverständnis stieß.

Möglich war eine Einigung aber auch deshalb, weil wir uns vorgenommen hatten, uns nur auf das zu einigen, auf das wir uns auch einigen konnten. Es war ein ernsthaftes detailliertes Abwägen und Ringen aller Beteiligter, verbunden mit der Bereitschaft, gewohnte Konfliktlinien zu verlassen, trotz völlig unterschiedlicher Historien, Gewohnheiten und Schwerpunkte.

Es ging also nicht darum, möglichst viele Aspekte von Homophobie zu benennen, sondern auch Ebenen auszuklammern, die zwar wichtig sind, aber zwangsläufig zu immer formelartigen Aussagen geführt hätten, die für das, was wir suchten, nicht brauchbar waren. Und was wir suchten, waren klare Kriterien, nach denen man in Zukunft klar darüber reden könnte, was Homophobie ist und was nicht.

Wir wollten, dass es endlich möglich ist, eine Sendung, einen Artikel nach möglichst eindeutig definierten Merkmalen beurteilen zu können. Wir hatten diese Debattenschleifen satt, in denen nie etwas homophob ist, weil es ja nie so gemeint ist. Das war es, was zur Einigung führte. Wir wollten endlich etwas haben, mit dem wir uns wehren konnten. Das konnten wir nur, wenn wir uns einig darüber waren, wogegen wir uns wehren. Und zwar möglichst genau.

Ich finde, das ist uns gelungen.

Der „Waldschlösschen-Appell" gegen die Verharmlosung homosexualitätsfeindlicher Diffamierungen

Lesben und Schwule stehen aufgrund der Diskussion um die rechtliche Gleichstellung homosexueller Lebensgemeinschaften im Fokus der Medienöffentlichkeit. Wir begrüßen eine breite Diskussion um die politische und juristische Ausgestaltung der Rechte Homosexueller.

Wir wehren uns jedoch dagegen, dass Argumentationsmuster, die der Diffamierung der Identität Homosexueller dienen, weiterhin als „Debattenbeiträge" oder „Meinungsäußerungen" verharmlost werden.

Wir warnen vor verstärkten Homosexualität herabwürdigenden Anfeindungen, wenn viele Medien weiterhin Angriffe auf die Würde und die Menschenrechte Homosexueller als Teil des legitimen Meinungsspektrums bagatellisieren.

Hierzu gehören Aussagen wie:
• Homosexualität sei widernatürlich
• Homosexualität sei eine Entscheidung
• Homosexualität sei heilbar
• Heterosexuelle Jugendliche könnten zur Homosexualität verführt werden
• Homosexualität sei eine Begünstigung für sexuellen Missbrauch
• Die Gleichstellung homosexueller Partnerschaften sei eine Gefahr für die Gesellschaft (etwa, weil durch sie weniger Kinder geboren werden würden)

Wir fordern Journalistinnen und Journalisten dazu auf,
1. solche Aussagen deutlich als diskriminierende Anfeindungen zu kennzeichnen und zu verurteilen (so wie es auch etwa bei rassistischen, sexistischen oder antisemitischen Anfeindungen geschieht)
2. Vertretern solcher Aussagen keine Plattformen zu bieten, solange sie sich nicht klar von ihnen distanzieren
3. Homosexuelle in Beiträgen und Diskussionen nicht länger in die Situation zu bringen, sich für ihre sexuelle Orientierung rechtfertigen zu müssen.

Der Appell fand eine breite Unterstützung in der Community und darüber hinaus. Obwohl keiner der Verbände und Institutionen daran beteiligt war, schlossen sich der LSVD, die Bundestiftung Magnus Hirschfeld, die Deutsche AIDS-Hilfe, viele CSDs, das Projekt „100%

MENSCH" und viele andere nationale und regionale Gruppen an. Viele Medienleute, aber auch Künstler wie die Sängerin Marianne Rosenberg, der Regisseur Marco Kreuzpaintner und die Geschwister Pfister waren unter den ErstunterzeichnerInnen.

Was der Appell bewirkt hat, ist schwer zu sagen. Heute spielt er nur noch selten eine Rolle, aber ich weiß, dass er damals in einigen Redaktionen Thema war und in die Diskussion um Sendungen eingeflossen ist. Er war sicherlich eine Bestärkung für viele, die sich sonst als Einzelkämpfer fühlten. Denn wir hatten eine Argumentationshilfe geschaffen.

Das Wichtigste aber war, dass es seitdem eine Definition über Homophobie gibt, auf die sich quasi die ganze Community einigen konnte. Dieser Konsens macht den Appell zu einem wirkungsvollen Instrument.

Ich schreibe hier so viel über den Waldschlösschen-Appell, nicht um von damals zu erzählen, sondern weil ich glaube, dass er heute noch mehr eine Hilfe sein kann. Jetzt, da eingetreten ist, was uns damals Sorge machte, jetzt, da Homophobie wieder viel selbstverständlicher artikuliert wird, ist es um so wichtiger, klare Standards zu haben, mit denen es möglich ist, diese zu benennen.

Wenn etwa, wie noch im August 2017 geschehen, WDR-Redakteure in ihrem „1Live"-Videoformat „Ausgepackt" eine Lesbe auf gleicher Augenhöhe und vermeintlich ergebnisoffen mit einer Homohasserin konfrontieren, die der Meinung ist, dass Homosexualität eine Sünde sei und eine Krankheit, die man nicht ausleben müsse.

Der Waldschlösschen-Appell bietet die Möglichkeit, nicht immer wieder bei Null anfangen zu müssen, um zu erklären, was daran bedenklich ist.

Nollendorfblog vom 1. September 2017
63 Tage seit der „Ehe für alle"

Hier stehen sich also wirklich „Meinungen" und „Argumente" gegenüber? Würde der WDR auch auf die Idee kommen, einen Schwarzen mit einem Rassisten alleine in eine Sendung zu setzen und zuschauen, was da passiert? Oder einen Juden mit einem Antisemiten? Ist es auch ein „Argument", einem Juden zu sagen, dass das, was er ist, Sünde ist, ist es auch ein Argument, einem Schwarzen zu sagen, er müsse ja nicht schwarz sein, wenn er nicht wolle. Wieso denken sie, dass sie das mit einer Lesbe machen können? Wie können sie auch nur auf die Idee kommen, hier von „Lebensmodellen" zu sprechen, die sich „begegnen"? Wo bitte ist der Erkenntnisgewinn?

In diesem vermeintlichen „Experiment" gibt es einen Täter und ein Opfer. Einen, der hasst, und einen, der gehasst wird. Wer eine solche Situation herbeiführt und das nicht sieht, wer so tut, als handele es sich um Gleichwertiges, wird selbst zum Täter.

Natürlich ist es wichtig, dass auch die Sicht von Homohassern in den Medien stattfindet, aber es ist eben die Aufgabe von Medien, diese einzuordnen und vor allem nicht die Betroffenen diesem Hass auszusetzen, ohne die unterschiedlichen Ebenen als eine gemeinsame Ausgangsbasis zu behaupten.

In der Stellungnahme des Senders auf die Kritik an dem Format schreibt 1Live:

„Ziel der Reihe ‚Ausgepackt' ist es, unterschiedliche Meinungen gegenüberzustellen. Ohne eine zusätzliche Kommentierung sollen sich die User ihr eigenes Urteil bilden können. Nach unseren Programmgrundsätzen und nach unserem Selbstverständnis ist aber auch klar, dass wir für Toleranz einstehen – für alle Menschen und Lebensformen. 1LIVE bekennt sich ausdrücklich zur Akzeptanz gegenüber Homosexuellen. Wer unser Programm verfolgt, der weiß das."

Hier wird es nun richtig unverschämt, weil offensichtlich erwartet wird, dass man das unkommentierte und als gleichwertige Meinung titulierte Vorführen von Homosexuellen in Kauf nehmen soll, weil die Redaktion aber „klar für Toleranz" einstehe. Denn ob das stimmt, also ob der Sender tatsächlich klar für Toleranz einsteht, kann sich ja erst dann zeigen, wenn er es müsste, also genau hier, wo er sich explizit weigert, es zu tun. Wenn er aber gleichzeitig von den Opfern seines Nicht-Einstehens verlangt, das nicht so zu empfinden, verhöhnt er sie. Er gibt ihnen die Schuld, weil sie ja nicht verstehen, dass sie ja gar nicht diskriminiert werden. ∎

Ich bin mir sicher: Wäre der Waldschlösschen-Appell präsenter, würde häufiger auf ihn verwiesen und durch ihn argumentiert, dann wäre die Beharrlichkeit von Medienmenschen wie dieser WDR-Redakteure deutlich geringer, solchen Mist zu produzieren und dann auch noch an ihm festzuhalten. Der Appell ist differenziert, er schreit eben nicht überall „Homophobie!", sondern argumentiert, wo die Grenze zwischen Meinung und Diffamierung liegt.

Aber natürlich ist der Appell angreifbar, er ist kein starres Regelwerk, keine losgelöste Formel, die immer gleich greift. Es geht eben auch nicht darum, dass homophobe Äußerungen nicht ausgesprochen werden sollen, nur ist es eben Aufgabe der Medien, diese einzuordnen. Es geht darum, darüber diskutieren zu können, was geht und was nicht. Journalistische Freiheit soll nicht eingeschränkt werden, sondern Journalisten sollen an ihre Verantwortung erinnert werden. Niemand, zumindest nicht die VerfasserInnen des Appells, wollen ihnen vorschreiben, wie sie das zu tun haben. Der Appell fordert, dass sie es tun.

Und das heißt, es nicht so zu tun wie in der beschriebenen *Maischberger*-Sendung „Homosexualität auf dem Lehrplan – droht die moralische Umerziehung?" Nachdem deren Konzept mit Verweis auf den Waldschlösschen-Appell durch *queer.de* kritisiert wurde, rechtfertigte sich die Moderatorin daraufhin via *dpa* und behauptete, man könne die Debatte nicht unter lauter „Gleichgesinnten" führen, weil man sich sofort dem Vorwurf der Einseitigkeit aussetze.

„Wir bieten bei ‚Menschen bei Maischberger' niemandem ein Podium oder Forum, sondern bitten Menschen mit ganz unterschiedlichen Meinungen in unsere Runde, damit sie ihre Argumente miteinander austauschen."

Damit bestätigte Maischberger genau das, was der Appell ihr vorwarf: Sie erklärte Homosexualität zur Gesinnung und Homophobie zur Meinung.

Nollendorfblog vom 11. Februar 2014
Noch 1235 Tage bis zur „Ehe für alle"

Natürlich kann man darüber diskutieren, ob und wie sexuelle Vielfalt im Unterricht verankert wird. Aber man kann nicht darüber diskutieren, ob es diese sexuelle Vielfalt gibt. Dieser kleine, aber entscheidende Unterschied ist der Gifttropfen zum Gebräu des Populismus.

Maischberger setzt im Setting ihrer Sendung die Gleichwertigkeit von Homosexualität bewusst nicht als gegeben voraus, sondern als etwas, das sich erst noch beweisen müsse: „das zeigen nicht nur die vielfältigen und verständlicherweise auch emotionalen Reaktionen beider Seiten."

Darum geht es also: zwei Seiten. Duell. Der Aggressor steht auf dem gleichen Fundament wie der Angegriffene. Der Stärkere möge gewinnen.

Wir brauchen eine Debatte. Dringend. Wir brauchen eine Auseinandersetzung vor allem mit denjenigen, die sich schwer mit einer Gleichstellung Homosexueller tun, denjenigen, die aus Angst, Unsicherheit, religiösen Gefühlen oder was weiß ich für Probleme mit uns haben. Es wäre gefährlich, dumm, aber auch ungerecht, wenn diese Menschen das Gefühl hätten, dass sie nicht mehr sagen dürften, was sie fühlen und denken.

Nur wenn wir genau darüber reden können, kommen wir weiter. Es gibt Homophobie in Deutschland. Wir können sie nicht verbieten. Wir müssen sie überwinden, zumindest jedenfalls, so gut es geht.

Ich bin froh für jeden Hetero, der mir offen sagen kann, dass er sich komisch fühlt, wenn er auf der Straße zwei sich küssende Männer sieht. Ich kann das verstehen. Ich glaube, jeder kann das verstehen. Und ich glaube auch, dass jeder genau so verstehen kann, was es für zwei Männer bedeutet, sich nicht nur zu Hause zu küssen, sondern sich auch dann dabei wohlzufühlen, wenn es „draußen" geschieht.

Wir alle müssen lernen, und ich glaube, die überwiegende Mehrheit der Gesellschaft ist bereit dazu.

Im Kleinen findet diese Debatte bereits statt, in den Familien, in den Firmen und auch in den Schulen. Und genau deshalb können wir von „den" Medien erwarten, dass sie sich diesem „Diskurs" öffnen.

Doch so lange Leute wie Maischberger versuchen, diesen gesamtgesellschaftlichen Prozess durch Showkämpfe zu torpedieren, müssen wir widersprechen. ■

Die „Ehe für alle" ist da, die inszenierten Show-Kämpfe gehen weiter, wie das Beispiel „1live" zeigt.

HOMOPHOBIE
ALS MARKENKERN

In diesem Buch geht es um die Homophobie in der Mitte der Gesellschaft, auch darum, wie sehr sie auch in liberalen und kulturell eher linken Milieus eine Rolle spielt. Deshalb einmal zur Klarstellung, damit keine Missverständnisse aufkommen: Ohne die links-liberalen Parteien hätte sich in Deutschland für Homosexuelle gar nichts bewegt. Oder andersherum: Jede einzelne Verbesserung, jede noch so kleine Liberalisierung, jeder noch so kleine Schritt in Richtung gleiche Rechte ist bis in die heutigen Tage gegen den erbitterten Widerstand der CDU/CSU erkämpft worden. Auch wenn sie im Endeffekt für die Abschaffung des Paragrafen 175 stimmten: Ginge es nach den beiden christlichen Parteien, würden Homosexuelle in Deutschland heute noch verfolgt werden. Obwohl die beiden Schwesterparteien später immer behaupten, ihre homosexuellenfeindlichen Positionen von damals seien heute nicht mehr haltbar, ziehen sie sich auch bei den aktuell zu regelnden Fragen verlässlich auf homosexuellenfeindliche Positionen zurück. Solange sie es irgendwie schaffen können, Diskriminierung staatlich festzuschreiben, werden sie es wohl tun.

Auch die für CDU-Verhältnisse als liberal geltende Angela Merkel hat versucht, sich mit dem Eheverbot die Ungleichbehandlung von Homosexuellen als Wahlkampfschlager möglichst lange zu bewahren, um konservative bis reaktionäre Wählerschichten zu binden. Das konservative Selbstverständnis der Union war jahrzehntelang nicht ohne die Abwertung von Lesben und Schwulen darstellbar. Die Definition des Konservativen Kerns ihrer Parteien gelingt fast keiner führenden Politikerin, fast keinem führenden Politiker von CDU und CSU ohne homosexuellenfeindliche Ressentiments. Fast nichts ist in der Union so sehr „Markenkern" wie Homophobie.

Wie wichtig die Diskriminierung von Lesben und Schwulen für die Identität der C-Parteien ist, zeigt sich u.a. daran, dass die Abschaffung des Paragrafen 175 selbst nach 1990 durch die Rechtsangleichung mit der DDR kein Selbstläufer war, sondern es massive Bemühungen in der Union gab, eine abgeschwächte Form für das wiedervereinigte Deutschland einzuführen. Deswegen dauerte es bis 1994, also deutlich länger als bei fast allen anderen durch die Einigung notwendigen Rechtsanpassungen, bis der Paragraf endgültig begraben werden konnte. 1994, also unter Bundeskanzler Helmut Kohl und seinem Kabinett, dem auch Angela Merkel angehörte, wurden noch über 40 Männer aufgrund des Paragrafen verurteilt. Die CDU unter ihrer Vorsitzenden Angela Merkel war es dann 2017, die bei der Entschädigung der Paragraf-175-Opfer in letzter Minute, anders als ursprünglich mit dem Koalitionspartner SPD vereinbart, auf ein unterschiedliches Schutzalter von Homosexuellen (14 Jahre) und Heterosexuellen (16 Jahre) bestand. Dies bedeutete nicht nur, dass weiterhin einer Opfergruppe die Entschädigung versagt wird, sondern auch, dass einvernehmlicher schwuler Sex anders bewertet wird als der gleichaltriger Heterosexueller und somit erneut dem Verdacht des Missbrauchs ausgesetzt wird.

Der Antihumanismus, mit dem die Union solche Regelungen durchdrückt, wird nicht nur in der Gleichgültigkeit gegenüber den betagten Opfern deutlich, denen sie die lang ersehnte Genugtuung verweigert, und sie zusätzlich demütigt. Auch gegenüber Kindern und Jugendlichen zeigen sich weite Teile der Union unerbittlich, indem sie versuchen, Schülerinnen und Schüler von einer Erziehung im Sinne einer Gleichwertigkeit verschiedener sexueller Identitäten fernzuhalten, was ja nicht nur den queeren unter ihnen einen Bildungsnachteil beschert. Die CSU hat sogar 2015 den neu-rechten Sprech der „Frühsexualisierung" in ihr neues Grundsatzprogramm aufgenommen: „Eine Gesellschafts- und Bildungspolitik, die Gender-Ideologie und Frühsexualisierung folgt, lehnen wir ab."

Und auch wenn sich ein Viertel der Unions-Bundestagsabgeordneten am 30. Juni 2017 für die Ehe entscheidet, so gilt in CDU/CSU mit der saarländischen Politikerin Annegret Kramp-Karrenbauer eine Frau als fortschrittlich, die auch nach der Entscheidung im Bundestag die rechtliche Gleichstellung auf Basis von völkischem Gedankengut attackiert. In der Union zählt sie als Hoffnungsträgerin.

Nollendorfblog vom 5. Juli 2017
5 Tage nach der „Ehe für alle"

Die Aussage der saarländischen Ministerpräsidentin Kramp-Karrenbauer

„Mit der Entscheidung für die ‚Ehe für alle' wird die Welt sicherlich nicht zusammenstürzen. Man muss aber im Blick behalten, dass das Fundament unseres gesellschaftlichen Zusammenhalts dadurch nicht schleichend erodiert"

hat nichts mit konservativen Reflexen oder religiösen Überzeugungen zu tun. Nein, in ihr steckt völkisches Gedankengut, hinter ihr steht ein Gesellschafts- und Menschenbild, das den Fortbestand dieser Gesellschaft an eine normative Idee knüpft und gleichzeitig eine Minderheit und deren Gleichwertigkeit als Gefahr für den Fortbestand dieser Gesellschaft definiert. Gesellschaft funktioniert so natürlich nicht und hat nie so funktioniert. Das Wahnhafte ihrer Idee richtet sich dabei nicht nur gegen die homosexuellen Volksfeinde, sondern auch gegen alle anderen, deren familiäres Wertekonstrukt ja nach Kramp-Karrenbauer nicht von Verantwortung und Zuneigung geprägt ist, sondern von deren Überwindung, denn in ihrem Denken entsteht der Zusammenhalt der Gesellschaft nicht aus menschlichen Werten, sondern offensichtlich aufgrund einer staatlichen Verabredung.

Ich weiß, ich schreibe das gerade etwas hart, aber würden wir die tiefe Menschenfeindlichkeit und die wirren Vorstellungen von Gesellschaft und was sie ausmacht etwa weniger hart markieren, stammten sie von einer AfD- oder noch rechteren Politikerin? Dürfen wir hier Harmlosigkeit unterstellen, nur weil es sich um eine christliche Provinzpolitikerin handelt (Kramp-Karrenbauer ist Mitglied im CDU-Bundesvorstand)? Dürfen, müssen wir nicht vermuten, dass solche Aussagen genau richtig gezielt sind, genau richtig verstanden werden, genau richtig ankommen?

Käme so etwas von AfD & Co., gäbe es einen breiten gesellschaftlichen Konsens, einen gemeinsamen Ekel vor solch aggressivem Hate-Speech. Und Angela Merkel würde sich öffentlich mitekeln. So aber, da vermutet werden darf, dass sie nicht nur nicht widerspricht, sondern auch dankbar ist für das Behaupten solcher Positionen in ihrer Partei, muss man sich hier auch vor Angela Merkels Kalkül ekeln. Wenn ich mich da täusche, wenn ich falsch liege und sie da zumindest intern glaubhaft dagegen hält, nehme ich das gerne zurück (und es würde mich sehr freuen, mich da täuschen zu können). Aber dem ist wohl nicht so.

„Obwohl sie mit der Lebensrealität nichts zu tun hat, wird die familiäre Norm der Normfamilie von einer ganzen Kultur als erstrebenswertes Ideal und zugleich einzig lebbares Modell hingestellt", schreibt der französische Soziologe und Journalist Didier Eribon in *Rückkehr nach Reims*.

Und: „Gegen Leute, die ihre Definition von Ehe und Familie von der Legitimität verschiedener Lebensweisen allen anderen aufzwingen wollen, und dabei Modelle zum Anschlag bringen, die vielleicht in ihrer eigenen reaktionären Gedankenwelt funktionieren, in der Realität aber noch nie funktioniert haben, habe ich eine tiefe Abneigung."

Ich auch. ∎

VEGAN IST DAS NEUE SCHWUL

Einer meiner besten Freunde ist Veganer. Nein, das ist jetzt kein Satz mit aber. Das ist einfach so.

Mein Freund, nennen wir ihn mal Florian, hat noch nie versucht, mich zum Veganertum zu bekehren. Ich kenne mittlerweile einige Veganer, und noch nie bin ich für mein Nicht-Vegan-Sein beschimpft worden.

Veganer sind in den Medien gerade sehr in. Ich habe den Eindruck, dass es nicht sehr viele Comedians oder Kabarettisten in Deutschland gibt, die nicht irgendetwas über Veganer in ihrem Programm haben. Die meisten Witze, die es über Veganer gibt, basieren nach meiner Beobachtung auf mindestens einer der drei folgenden Grunderzählungen:

1. Vegansein ist blöd, weil lächerlich, unlogisch oder inkonsequent, Veganer machen sich was vor.

2. Veganer sind aggressiv, anstrengend, missionarisch, unlustig, halten sich für etwas moralisch Besseres. Veganer wollen uns etwas.

3. Es ist lustig, Veganern etwas Nicht-Veganes zum Essen unterzujubeln.

Ein Klassiker der Veganer-Kritik ist es, nichts gegen Veganer zu haben, aber ein Problem mit denen zu haben, die dabei so militant sind. Es gibt bestimmt eine Reihe von Veganern, die sehr kämpferisch sind, aber ist das wirklich typisch für Veganer? Für all jene Veganer, die ich kennenlerne, gilt das jedenfalls nicht. Ich habe mir etliche Interviews mit Veganern durchgelesen und angeschaut. Auch hier ist es fast immer so, dass die Befragten betonen, dass es sich um eine persönliche Entscheidung handelt, dass sie niemandem etwas aufzwingen wollen. Aber wenn sie danach gefragt werden, nutzen sie natürlich meist die Gelegenheit zu erklären, warum sie die Entscheidung für sich getroffen haben und warum sie der Meinung sind, dass es besser wäre, wenn mehr Menschen so leben würden. Und dass sie der Meinung sind, dass es auch anderen Menschen guttun würde.

Kann es sein, dass schon das als „militant" empfunden wird?

Wenn ich mit Florian in ein nicht-veganes Restaurant gehe, erinnern mich viele Gespräche, die er da zu führen hat, an das, was ich als Schwuler erlebt habe. Es gibt viel Interesse, viele Nachfragen, aber oft kommt es dabei zu Situationen, in denen man sich erklären muss. „Bist du sicher, dass du vegan bist? Das ist doch so ein Mode-Ding. Weißt du eigentlich, dass das nicht gesund ist? Was wäre denn, wenn du es gar nicht schmecken würdest? Willst Du nicht mal eine Ausnahme machen?"

Anders als in anderen Ländern, in denen ich mit Florian in nicht-veganen Restaurants gespeist habe, habe ich in Deutschland den Eindruck, dass die hiesige Gastronomie es Menschen wie Florian besonders schwermachen möchte. Der Wunsch, etwas Veganes essen zu wollen, führt nicht zur Motivation der Kellner oder Köche, etwas aufzutischen, was besonders lecker und vegan ist, sondern entweder zu Grundsatzdiskussionen oder beleidigtem: „Das schmeckt so aber nicht. So macht man das aber nicht."

Mittlerweile ist es meist so, dass Florian der Einfachheit halber gar nichts sagt, einfach Pommes mit Ketchup bestellt, und ich dann, weil ich das nicht einsehen möchte, die Diskussionen darüber führe, wo jetzt das Problem ist, mal eine Sekunde darüber nachzudenken, was denn da noch möglich wäre. Florian mag das dann nicht so. Ich glaube, er möchte nicht, dass die Leute denken könnten, er wäre ein nervender Veganer. Auch das kenne ich. Es macht auch keinen Spaß, ein nervender Schwuler zu sein.

Deutschland ist stolz darauf, ein buntes Land zu sein. Und ja: Deutschland ist ein Land, das zu Recht stolz auf seine liberale Gesetzgebung ist und auf die vielen Freiheiten und Möglichkeiten, die es unterschiedlichen Menschen bietet. Doch gleichzeitig ist es erstaunlich, wie wenig Auseinandersetzung es bei uns über rückständige Strukturen und Mentalitäten gibt. Obwohl der im Herbst 2017 neu gewählte Bundestag der größte aller Zeiten ist, fiel der ohnehin schon niedrige Frauenanteil von 30,7 Prozent auf unter ein Drittel aller Abgeordneten. Deutschland belegt im europäischen Vergleich der Frauen in Führungspositionen mit 22 Prozent einen der hinteren Plätze.

Eine von Maria Furtwängler und ihrer Stiftung MaLisa initiierte Studie aus dem Jahr 2017 kommt zu dem Ergebnis, dass Frauen im Kino und im deutschen Fernsehen massiv unterrepräsentiert sind. Die von Elizabeth Prommer und Christine Linke an der Universität Rostock geleitete Studie kommt zu dem Ergebnis: „Männer erklären die Welt." Demnach ist in der TV-Information nur jede dritte HauptakteurIn weiblich. Vor allem bei den ExpertInnen ist das Verhältnis besonders krass: „79% in der TV-Information und zu 69% in den non-fiktionalen Unterhaltungsprogrammen" sind Männer.

Wer auf solche Missstände aufmerksam macht, gerät in Deutschland sehr schnell in eine Verteidigungshaltung. Als Maria Furtwängler im *heute-journal* von Claus Kleber zu den Ergebnissen der Studie befragt wurde, sah man ihr an, dass sie sich bemühte, nicht wie eine nervende, anmaßende, anklagende Frauenrechtlerin zu wirken. Und trotzdem packte sie der Moderator genau in die Ecke.

„Kleber ignorierte die Zahlen, behauptete sogar, in Nachrichtensendungen würden Frauen dominieren – was, wie in der Studie aufgeführt, schlicht falsch ist. Er warf Furtwängler vor, das Publikum ‚umerziehen' zu wollen, faselte von ‚gendermainstreaming' und fragte zickig, ob sie eine Agenda verfolge", schrieb Sarah Stendel im *Stern*.

Wer in Deutschland Sichtbarkeit und angemessene Repräsentanz von Frauen und Minderheiten einfordert, erntet meist kein „Oh, Mist, hier müssen wir dringend etwas tun", sondern ein „Was denn noch?". Nicht das Gefühl, dass zu wenig in diesem Bereich passiert, dominiert, sondern das Gefühl, dass es schon viel zu viel ist.

Forderungen nach Repräsentanz und Wahrnehmbarkeit werden dabei gerne als „Political Correctness" diffamiert. Der Schauspieler und Regisseur Pierre Sanoussi-Bliss hielt 2006 in einer Rede beim sogenannten „Integrationsgipfel" im Kanzleramt dagegen:

„Ist es politisch korrekt, dass die meisten Filme im deutschsprachigen Raum wie mit Persil gewaschen wirken? Es heißt doch Farbfilm! Ist es politisch korrekt, dass meine Agentin auf die Bitte, mich in diesem oder jenem Film zu besetzen, die Antwort bekommt: ‚Was sollen wir denn mit 'nem Mulatten?' Ist es politisch korrekt, dass im Kreuzworträtsel des *Stern* das Lösungswort für Mulatte ‚Bastard' lautet? Ist es politisch korrekt, dass Regisseure zu mir sagen: ‚Du, ich würde dich schon gern mal besetzen, wenn für dich was dabei ist'? Und dass es dann nie dazukommt, weil sie darauf warten, dass hinter dem Rollennamen in Klammern ‚ein Farbiger' steht?"

Im nationalen Integrationsplan der Bundesregierung von 2007 heißt es:

„Die ARD hat sich das Ziel gesetzt, den Alltag der Menschen aus Zuwandererfamilien als Teil der gesellschaftlichen Normalität abzubilden und dabei die Chancen einer kulturell vielfältigen Gesellschaft glaubwürdig zu vermitteln, ohne ihre Probleme und Risiken zu negieren. In allen relevanten Programmgenres und -formaten sollen Migrations- und Integrationsthemen erscheinen und Menschen mit Migrationshintergrund als Protagonisten in unterschiedlichsten Lebenslagen, insbesondere außerhalb gebräuchlicher Klischees, auftreten."

Man kann nicht behaupten, dass die ARD in den über zehn Jahren, die seitdem vergangen sind, in ihren Bemühungen sehr erfolgreich war.

Der Regisseur Uwe Janson formuliert das in einem Interview mit der *Frankfurter Allgemeinen Sonntagszeitung* vom 26. Dezember 2017 so:

„Auch bei der Besetzung sind wir weit von Diversität entfernt. Wir haben ein arisches Programm. Das muss ich einfach so sagen. Wenn ich amerikanisches, englisches oder französisches Fernsehen sehe, da sehe ich Diversität. Um überhaupt einreichberechtigt zu sein für die Auszeichnungen, hat die BAFTA [British Academy of Film and Television Arts] in England Diversität zur Voraussetzung erklärt. Hier in Deutschland laufen höchsten ein paar schwarze Menschen als Asylbewerber herum."

Sein Fazit: „Wir müssen endlich übers Programm streiten!" Doch viele Verantwortliche besitzen nicht einmal ein Basis-Problembewusstsein in Diversitätsfragen.

Als der NDR Ende 2016 den Entschluss fasste, Xavier Naidoo ohne Vorentscheid als deutschen Beitrag für den kommenden *Eurovision Song Contest* zu bestimmen und daraufhin mit Homophobie- und Antisemitismus-Vorwürfen gegen den Sänger konfrontiert wurde, erklärte der ARD-Unterhaltungskoordinator Thomas Schreiber:

„Xavier Naidoo ist weder rechtspopulistisch noch homophob oder antisemitisch. Xavier ist als Kind selber massiv diskriminiert worden und hat Schläge bekommen, weil er keine weiße Hautfarbe hat."

Einer der mächtigsten ARD-Manager scheint also wirklich der Meinung zu sein, dass jemand, der selbst als Teil einer Minderheit diskriminiert worden ist, unverdächtig ist, andere Minderheiten zu diskriminieren?

Einen ähnlichen Reflexionsgrad zeigen die Reaktionen nach einem Blackfacing-Vorfall in der Sendung *Verstehen Sie Spaß?* im Oktober 2016.

Auf *uebermedien.de* beschreibt Ali Schwarzer das Ereignis so:

„In der Sendung, in der Wünsche erfüllt werden, suchte eine weiße Frau angeblich ihren Vater. Dieser konnte, so glaubte es jedenfalls der Moderator, in Südafrika gefunden werden. Eingeblendet wird das Bild eines weißen Mannes. Der Witz für ‚Verstehen Sie Spaß?' bestand nun darin, an seiner Stelle einen vorgeblich schwarzen Mann ins Studio zu schicken, nämlich den verkleideten Guido Cantz. Dazu verunstaltete man Cantz im Stile des Blackfacings unter anderem mit dicken Schlauchlippen. Als wäre das nicht genug, äffte er einen starken Akzent nach. Das war alles so schlecht, dass ich annehme, dass Cantz noch nie in Südafrika war. Vielleicht in Kapstadt. Aber da leben ja praktisch nur Weiße."

Der verantwortliche SWR gab sich in einer Pressemitteilung sicher, nichts falsch gemacht zu haben:

„Die im konkreten Fall von Guido Cantz dargestellte Rolle war Teil der Inszenierung, die offensichtlich sehr glaubwürdig gespielt wurde. Die Figur und die Situation waren weder diffamierend, diskriminierend oder verletzend angelegt. Deshalb bedauern wir es sehr, wenn sich Menschen von dem Verlade-Film angegriffen oder schlecht dargestellt fühlen."

Die Reaktion ist fast identisch mit der, die ich nach Homophobie-Vorwürfen erlebe. Die Verantwortlichen denken, sich nicht mit der Argumentation der Kritiker aus der jeweils dargestellten Minderheit auseinandersetzen zu müssen. Sie haben es ja gut gemacht und nett gemeint. Dabei sind solche Fälle prädestiniert, etwas über die diffusen Abwertungsraster hinter solchen Darstellungen zu lernen. Im Fall von *Verstehen Sie Spaß?* war der Sender sogar im Vorfeld über die Vorbehalte gegenüber der geplanten Inszenierung informiert: „In der Schwarzen Community rumort es. Noch bevor die Sendung *Verstehen Sie Spaß?* am Samstag ausgestrahlt wurde, hatte es massiv Kritik an einem Sketch gegeben", schreibt Ali Schwarzer und erklärt die mit dieser Show-Nummer miterzählte Systematik.

Etwa:

„Der Schwarze schnackselt gern und kümmert sich nicht um seine Kinder.

Ein Dauerbrenner unter den Rassismen. Die Macher dürften nicht bewusst daran gedacht haben, es triggert aber genau das. Als der […] Moderator sagt, dass man nach einem Robert gesucht habe, protestiert der schwarze Cantz, dass er der Gesuchte sei. Ja, wollt ihr mich verarschen? Zwischen den Zeilen wird damit gesagt, dass der Schwarze nicht wüsste, welche Kinder er in die Welt gesetzt hat."

Oder:

„Der Schwarze Mann als böse Überraschung.

Der Witz soll ja darin bestehen, dass bei dem freudigen Ereignis nicht der weiße Vater erscheint, sondern irgendein Schwarzer Mann. Dieser soll sowohl die ‚Tochter' als auch den Moderator verunsichern. Ich bin unterwältigt.

In meinem Leben habe ich schon oft erleben müssen, dass weiße Menschen überrascht bis schockiert sind, wenn sie auf mich treffen. Wenn ich so einen Gag sehe, erinnere ich mich sofort an Erlebnisse wie die Jobsuche, bei der man mir sagte: ‚Also, dass Sie schwarz sind, hätten Sie am Telefon sagen müssen. Das hört man ja gar nicht.' Ich erinnere mich an Personalverantwortliche, die anfangen zu zittern, wenn sie mich sehen. Menschen, die so überrascht sind, dass sie nicht wissen, welche Ausrede sie mir an den Kopf knallen sollen, wegrennen und später, wenn ich nach einer halben Stunde immer noch dastehe, lieber einen Mitarbeiter vorschicken, der dann sagt: ‚Nee, das war alles ein Irrtum, Jobs gibt's hier nicht.'"

Ich finde es erstaunlich, dass nicht mehr solcher wütender Stimmen in deutschen Medien hörbar sind. Aber würden sie überhaupt Gehör finden? Gibt es in diesem „Wir sind so stolz, ein buntes Deutschland zu sein" überhaupt eine Gewohnheit darin, so etwas an sich ranzulassen? Oder ist es nicht die Sorge, als nervender, aggressiver Aktivist dazustehen, so berechtigt, dass eine Kritik an den bestehenden Verhältnissen, wenn überhaupt vorgebracht, extrem freundlich und extrem milde wird? Könnten die Deutschen wirklich einen häufig dezidiert kritischen, schwarzen Schauspieler, eine dezidert kritisch auftretende schwarze Schauspielerin ertragen? Würde so jemand besetzt werden? Wenn schon der übernette Auftritt von Maria Furtwängler, die als eine der beliebtesten deutschen Schauspielerinnen gilt, in den Verdacht gerät, das Publikum „umerziehen" zu wollen, wenn selbst die sachlich begründeten Ergebnisse einer Studie als Aggression wahrgenommen werden, was bedeutet das für die Kultur von Diversität in Deutschland?

Was ist das für ein Land, dessen Selbstverständnis durch Menschen ins Wanken gerät, die keine tierischen Produkte essen wollen? Dass sich über nichts mehr so beömmeln möchte, wie lächerlich das denn nicht sei? Ist vegan das neue Schwul, das neue Gender, sind nicht die Abwehrmechanismen bis hin zur Wortwahl fast identisch?

„Was tut die Regierung gegen den Vegan-Wahn?", fragt *BILD* im Juli 2016. Ein Jahr zuvor kritisiert das Blatt den „Gender Wahn", als es um geschlechtsneutrale Toiletten geht. Der Vorwurf der Militanz, die Unterstellung, anderen die eigene Lebensweise aufdrängen zu wollen, die ständige Aufforderung, sich zu erklären, sich zu rechtfertigen, das fast immer folgende „Aber" hinter dem Toleranz-Bekenntnis. Ist nicht das alles viel mehr ein Verweis darauf, dass Anderssein in Wahrheit nur schwer ertragen wird, dass Vielfalt nur in dem Sinne gewollt ist, dass es keine Ansprüche gibt, keine Beschwerden, keine Kritik?

Bedeutet das deutsche Verständnis von „Vielfalt" und „bunt" wirklich das Aushalten, das Voneinanderlernenwollen, das Nebeneinander und Infragestellenkönnen verschiedener Normen? Oder ist „bunt" nicht in Wahrheit eine von der Mehrheit geprägte Norm, die vor allem die Funktion hat, Minderheiten ihren Platz zuzuweisen?

Und was macht überhaupt der 1962 in Berlin geborene Pierre Sanoussi-Bliss auf einem Integrationsgipfel?

Über Vielfalt in Deutschland hat sich auch Martenstein Gedanken gemacht.

Nollendorfblog vom 2. Oktober 2015
Noch 638 Tage bis zur „Ehe für alle"
29 Tage, nachdem Angela Merkel entschieden hatte, Tausende Flüchtlinge, die seit Tagen in Ungarn festsitzen, in Zügen nach Deutschland zu holen

Wenn in diesen Tagen etwas für Homosexuelle gesagt wird, dann oft, um etwas gegen Flüchtlinge zu sagen. Aber natürlich nicht so direkt.

So wie *ZEITmagazin*-Kolumnist Harald Martenstein. Er ist der Meinung, die Deutschen müssten zu den Zuwanderern sagen:

„Das sind wir. Das ist unsere Lebensweise. Ihr müsst sie akzeptieren, nur dann dürft ihr bleiben. Ihr müsst eure Kultur nicht aufgeben, das nicht. Aber ihr müsst die Gleichberechtigung der Frau akzeptieren, ihr müsst lernen, dass Homosexuelle und Juden Menschen sind wie ihr, ihr müsst Spott und Satire aushalten, sogar, was eure Religion betrifft. Kinder haben Rechte. Das Gesetz steht über der Familiensolidarität. Solltet ihr diese Regeln nicht akzeptieren, habt ihr hier keine Zukunft."

Fast möchte man ihm glauben, dass es ihm wirklich um Frauen, Juden, Kinder und ja, Homosexuelle ginge. Doch nicht nur die Treffsicherheit, mit der Martenstein über das Ziel hinausschießt ... er schreibt dann nämlich:

„Was ihr zu Hause über Richtig und Falsch gelernt habt, müsst ihr vergessen."

... lässt erahnen, dass es Martenstein nicht um Integration geht, sondern um Zurechtweisung.

Gegenüber den Zuwanderern müssten die Deutschen, so Martenstein wörtlich

„... selbstbewusst, autoritär und auch hart sein."

Selbstbewusst, klar. Und warum nicht auch konsequent und fordernd? Aber autoritär und hart? Wichtiger als das Ziel eines friedlichen und respektvollen Miteinanders scheint ihm die Härte zu sein, mit der dieses erreicht werden muss. Es geht

Martenstein nicht darum, wie man Flüchtlingen begegnet, um ihnen den Weg in unsere Gesellschaft zu erleichtern. Es geht ihm darum, dass es ein autoritärer Weg sein muss.

Natürlich wird es nicht einfach werden, so viele Menschen mit unterschiedlicher kultureller Bindung in unsere Gesellschaft zu integrieren. Aber wer das wirklich will, der darf Flüchtlinge nicht bevormunden, sie nicht zu einer homogenen Gruppe erklären und erst recht nicht zu einer, die aus einem falschen Leben kommt. Wer das wirklich will mit der Integration, der darf sich nicht an eine Gruppe wenden, sondern an einzelne Menschen. Der muss alles dafür tun, dass diese Menschen möglichst viel darüber lernen können, was uns an Gleichberechtigung, Vielfalt und selbstbestimmtem Leben wichtig ist.

Ja, wer das wirklich will, muss jetzt mit aller Härte nicht gegen Flüchtlinge kämpfen, sondern dafür, dass in den Schulen aller Bundesländer sexuelle Vielfalt, die Akzeptanz von Minderheiten selbstverständlicher Teil des Unterrichts ist.

Doch dazu ist von Martenstein nichts zu hören. Seine Agenda ist das Gegenteil. Nur wenige deutsche Autoren streiten leidenschaftlicher für das Zementieren von Geschlechterdifferenzen als Martenstein.

Menschen, die sich im Zurechtweisen von Flüchtlingen gefallen, denen gefällt in der Regel auch das Zurechtweisen anderer Minderheiten und gesellschaftlichen Gruppen. Solchen Menschen geht es weder um Flüchtlinge, Frauen, Homosexuelle noch sonstwen. Es geht ihnen um das Zurechtweisen an sich.

IST DOCH NUR SPASS

Nollendorfblog vom 26. März 2014
Noch 1192 Tage bis zur „Ehe für alle"

„Erwarten Sie jetzt bitte keine billigen Schwulenwitze von mir", sagte Stefan Raab in seiner ersten *TV Total*-Sendung nach dem Coming-out des ehemaligen Fußball-Bundesliga-Profis Thomas Hitzlsperger.

Raab wusste, dass man heute ganz genau hinhören würde. Denn so unerwartet das Coming-out des Ex-Spielers Hitzlsperger auch war, so sehr wurde das Coming-out eines prominenten Fußballers erwartet, ersehnt und von manchen auch gefürchtet. Die Reaktionen der Medien würden zeigen, ob offenes Schwulsein im Jahr 2014 nicht nur okay ist, sondern auch möglich. Möglich auch in dem Sinne, nur weil man offen schwul ist, nicht gleichzeitig ungefragt als frivole Witzvorlage herhalten zu müssen.

Stefan Raab hat gewusst, was er da macht. Und machte es trotzdem.

Hitzelsperger? „Ein verdienter Fußballspieler: VfB Stuttgart hat er gespielt, Zenit St. Penisburg, Erzgebirge Aua, Manfister United und so weiter. Mehr brauche ich nicht zu sagen." Nein, mehr brauchte er nicht zu sagen.

Als ich Stefan Raab Ende der 1990er kennenlernte, war er nicht mehr VIVA und noch nicht Pro7. Er war dabei, eine neue Rolle zu finden, nicht mehr Nische, sondern großes Fernsehen. Ich war damals Manager von Guildo Horn, noch war offen, mit welchem Song der „Meister" beim bevorstehenden deutschen Vorentscheid des *Eurovision Song Contest* auftreten würde, und Raab hatte *Guildo hat Euch lieb!* produziert, den Titel, der es dann auch werden sollte. Bei einem unserer Treffen in seinem Studio spielte er mir einen Song vor, den er gerade für das neue Album für die Band *Die Prinzen* produziert hatte: „Mein Hund ist schwul, die dumme Sau" heißt es da im Refrain. Das ginge natürlich nicht gegen die Schwulen, meinte er, sondern gegen den Hund. Der eben etwas komisch sei. Ob ich das lustig fände, wollte er von mir wissen. Von mir als Schwuler.

Damals war es schwer, Raab nicht lustig zu finden. Erstens, weil er lustig war. Und zweitens, weil Raabs Respektlosigkeit, sein Rütteln an erstarrter Korrektheit einen Wert an sich darstellte. Wer Raab nicht lustig fand, war nicht locker. Und Nicht-locker-Sein war so ziemlich das Schlimmste, was man zu Beginn der Nuller Jahre sein konnte.

Im folgenden Jahrzehnt wurde Raab und die von ihm propagierte Lockerheit zum Leitprinzip eines neuen Unterhaltungsfernsehens. Alles, was schräg und schrill war, war klar im Vorteil. In den Nachmittag-Talkshows der Privatsender herrschte der Gender-Zoo. Schwul war cool, und man hätte es fast geglaubt, wenn es nicht immer auch wie eine Beschwörung geklungen hätte. Denn parallel zum Aufstieg Raabs als Held einer neuen Generation von Fernsehguckern machte auch ein Begriff Karriere, der für diese Generation so selbstverständlich geworden ist wie die Tatsache, dass Menschen mit

Wok-Pfannen unter dem Hintern Eispisten herunterjagen. Es ist die Karriere des Adjektivs „schwul" als Dehnbegriff des Unaussprechlichen. Es funktioniert vom Pullover, der „voll schwul" ist, bis zur Sau, der schwulen, die als Lieblingsbeleidigung nicht nur von den Schulhöfen nicht mehr wegzudenken ist.

Schuld daran ist nicht der Prinzen/Raab-Song vom schwulen Hund, der es nicht zum Hit geschafft hat. Schuld daran ist auch nicht Stefan Raab, das wäre zu einfach, denn auch er kann nur Trends aus etwas machen, das es schon gibt, und eine Dauerpointe nur so lange strapazieren, wie man über sie lacht. Und doch war und ist die Geschichte von Raab und den Schwulen prägend für das Bild vom Schwulen in den Medien. Es ist eine verhängnisvolle Medienaffäre. Verhängnisvoll vor allem für die Schwulen.

> „Mein Hund ist schwul, die dumme Sau
> er macht nicht kläff, er macht nur wau
> er ist als Pudel ein Ästhet
> dem öfter mal die Nudel steht
> was meistens nur im Rudel geht."

Dass ich darüber nicht lachen kann, kann Raab nicht verstehen. Er will darüber diskutieren. Nein, auch wenn er immer so tut, es ist ihm nicht egal, was andere denken, was andere fühlen. Raab will polarisieren, aber im Endeffekt will er von allen geliebt werden, auch von den Schwulen. Raab sagt, er hätte den Song ganz vielen schwulen Freunden und Kollegen vorgespielt und die hätten alle kein Problem damit.

Stimmt das?

Ich sage ihm, dass ich das bezweifele. Aber warum sollten sie so etwas sagen, wenn es nicht stimmt, fragt mich Raab. Ja, warum?

Vor einigen Jahren habe ich für meinen Blog eine Talk-Veranstaltung zum Thema „Schwulsein in der Schule" besucht. Dort sprach u.a. ein Schulsprecher, Gymnasiast, schwul, selbstbewusst. Wie auch die an der Diskussion beteiligten Lehrer und Bildungspolitiker behauptete er, dass die „schwule Sau" nichts mit „schwul" zu tun habe. Sie sei weder als Beleidigung von Schwulen gemeint, noch werde sie von ihnen als solche wahrgenommen.

Auch ihn habe ich gefragt, ob das wirklich stimmt.

Ich habe ihn gefragt, ob seine Unbedenklichkeitserklärung in Sachen „schwul" als Schimpfwort nicht auch mit der Gleichgültigkeit der Heteros zu tun habe, vor allem der Lehrer, die darin kein Problem sehen wollten. Ob es nicht doch verletzend sei, „schwul" immer wieder als etwas zu hören, das man tunlichst vermeiden sollte. Ob er und andere Schwule auf dem Pausenhof vielleicht gelernt hätten, einfach wegzustecken, auch wenn es eigentlich wehtut.

Erst schwieg er eine Weile. Ruhig und sichtlich bewegt, erzählte er dann: davon, wie alltäglich diese Beleidigungen seien. Und davon, wie sehr er lernen musste, diese nicht als solche empfinden zu dürfen.

■

Das Jahr 2001 war sowohl für die homosexuelle Bewegung in den Niederlanden als auch für die in Deutschland ein Schicksalsjahr, wenn auch mit entgegengesetzten Vorzeichen: Während in den Niederlanden die heute sogenannte „Ehe für alle" eingeführt wurde, trug in Deutschland der

Erfolg eines Filmes dazu bei, dass diese hierzulande noch für über ein Jahrzehnt undenkbar erschien. Natürlich war nicht der Film selbst schuld, wir sprechen vom *Schuh des Manitu*, sondern die Tatsache, dass fast ganz Deutschland darüber lachen wollte.

Wie groß die Spießigkeit im Deutschland der bis Ende der 1990er Jahre andauernden Helmut-Kohl-Ära wirklich war, kann man vor allem dadurch erkennen, wie sehr das, was danach kam, als Lockerung, als Befreiung empfunden wurde. Und das, obwohl es, zumindest aus humortechnischer Sicht, eine Renaissance des Schenkelklopferspaßes der Wirtschaftswunderzeit bedeutete. Deutschland kann endlich über sich selber lachen, bildete es sich damals ein. Dabei lachte es vor allem über Homosexuelle, besser gesagt, tuntige Schwule.

Lachen über Schwule war nicht nur die gemeinsame Erfolgsformel der in dieser Zeit entstandenen und bis heute erfolgreichsten zwei deutschen Filme aller Zeiten. Hinter dem *Schuh des Manitu* mit bis heute über elf Millionen folgte das 2004 ebenfalls von Michael „Bully" Herbig gefilmte Werk *(T)Raumschiff Surprise – Periode 1* mit bis heute gut neun Millionen Zuschauern. Es war auch eine der wichtigsten Konstanten der ab 1999 ausgestrahlten (und ab 2001 viermal wöchentlich gezeigten) Stefan-Raab-Show *TV Total*, die viele Jahre eine der prägendsten und mächtigsten Institutionen der deutschen Popkultur war.

Dabei fand das, was Herbig und Raab machten, auf sehr unterschiedlichen Niveauebenen statt. Während Raab seine Pointen so plump setzte, sodass das Wort „schwul" oder alle es beschreibenden verbalen und nonverbalen Andeutungen an sich schon zu einem Running-Gag wurden, waren Bullys Tuntenparodien oft fein beobachtete und überaus gekonnt gespielte Kunststückchen. Während

Bullys Tunten zwar immer dumm, aber zumindest liebenswert waren, war für Raab alles, das mit Schwulsein zu tun hatte, einfach nur bedeppert.

Raab, Herbig und der etwas später natürlich in Sachen schwul fast schon obsessive Oliver Pocher waren die Vorreiter eines entspannteren Umgangs in Deutschland mit Homosexuellen, der vor allem ein entspannteres Lachen über Homosexuelle bedeutete. Schwule waren auch deswegen ein dankbares und ergiebiges Opfer, weil sie vor allem eines nicht mehr sein wollten: Opfer. Deswegen gab es kaum oder keinen Widerspruch.

Eines der wichtigsten gesellschaftspolitischen Projekte der rot-grünen Zeitenwende war die 2001 eingeführte Eingetragene Lebenspartnerschaft. Sich endlich einigermaßen auf Augenhöhe fühlen zu dürfen bedeutete das Darstellen von Souveränität um jeden Preis. Keine Schwäche zeigen, endlich Mainstream, auf keinen Fall Spielverderber, also Außenseiter sein. Mitlachen, auch dann, wenn, es wehtut. Oder noch besser: sich einreden, dass es nicht wehtut.

In den wenigen Fällen, in denen jemand doch „Nicht mit mir!" sagte, ist es denjenigen nicht gut bekommen. Als der schwule Sänger Mark Medlock 2008 mit dem Musikpreis *Comet* als bester Newcomer ausgezeichnet wurde, fiel er Pocher, der die Show moderierte, mit „Hör auf mit deinen Scheiß-Schwulenwitzen!" ins Wort. Für seinen Mut gelobt wurde damals im Zweifel nicht Medlock, sondern Pocher. Der Journalist Wolfgang Höbel macht auf *Spiegel Online* den Moderator gar zum „Prügelknaben" und beschrieb den Vorfall so:

„Und als ‚Drecksack' geifert der singende Emanzipationsvorkämpfer Mark Medlock bei der live übertragenen ‚Comet'-Preisverleihung Pocher an, weil er angeblich mit ‚Scheiß-Schwulenwitzen' sein Geld verdiene."

Wer sich aufgrund seiner sexuellen Identität nicht herabwürdigen lassen will, ist also ein „Emanzipationsvorkämpfer" und somit aggressiv, also selber schuld. Das homophobe Prinzip dahinter, mit dem sich der Wehrende zum Aggressor gemacht wird, bildet die Grundlage für einen Großteil des neu-homophoben Humors. Dahinter steckt die Vorstellung, dass homosexuelle Sichtbarkeit und das Beharren auf die Gleichwertigkeit sexueller Identitäten bereits eine Provokation seien, da sie der Gesellschaft eine Art Political Correctness aufnötigt. Sich dagegen zu wehren, ist also legitim, und das um so mehr, wenn man es mit Humor tut. Der *SPIEGEL*-Kulturredakteur formuliert es so:

„... verletzt Pocher, den viele deutsche Schwule seit Jahren als Pin-up-Helden verehren, mit seinen Sketchen und Witzen tatsächlich die Regeln einer korrekt toleranten Gesellschaft? Verstört er unsere verzärtelte Jugend wirklich mit ekligen Zoten, die alles im öffentlich-rechtlichen Humorgeschäft bisher Dagewesene unterbieten? Und senkt der Mann, dem Freund und Feind ständig seinen 2,9-Mittlere-Reife-Schulabschluss vor- und zugutehalten, Deutschlands Humorpegel endgültig ins intellektuell Niederflurige ab? Das ist natürlich Quatsch."

Der Maßstab dafür, ob es sich um „angebliche" oder „Scheiß-Schwulenwitze" handelt, also ob das Beleidigen von Homosexuellen in Ordnung ist, oder nicht, ist also alles Mögliche. Alles, bis auf die Frage, ob Homosexuelle beleidigt werden.

Wenn es selbst einem gefeierten Popstar, wenn es selbst dem „Newcomer des Jahres" nicht verziehen wird, sich aufgrund seiner Identität nicht auslachen lassen zu wollen, woher soll, woher sollte dann das „Nein" auf die Frage kommen, ob man es gerade lustig findet, wenn die Homos wieder die Oberdeppen sind?

Unglaublich, aber wahr: Bully Herbig ist bis heute der Meinung, das alles stelle kein Problem dar.

Aus einem Interview mit dem *ZEITmagazin* vom November 2015:

ZEITmagazin: Würden Sie auch im Nachhinein sagen, dass es kein Problem ist, dass man beim *(T)Raumschiff* die ganze Zeit über drei Schwule lacht?

Herbig: Nee, und zwar weil wir die Figuren echt lieben. Ich finde, das waren immer charmante Figuren.

ZEITmagazin: Man lacht über Tunten.

Herbig: Nee, ich habe mir das ja nicht ausgedacht, sondern abgeguckt. Wir haben diese Filme vorher auch mit schwulen Freunden geguckt, die sich weggeschmissen, die Tränen gelacht haben. Thomas Hermanns hat sich öffentlich hingestellt und gesagt, es gebe zwei in Deutschland, von denen er sich gerne parodieren lasse: Der eine sei Bastian Pastewka als Brisko Schneider in der *Wochenshow* damals – der andere sei Bully.

ZEITmagazin: Wir leben ja in politisch sehr korrekten Zeiten heute. Wäre es möglich, diese Filme heute noch genau so zu machen, ohne dass Sie einen Aufschrei erleben?

Herbig: Ja klar, wir würden es genau so wieder machen.

Tunten als blöd darzustellen ist also nicht weiter schlimm, weil sich Tunten ja selber so blöd verhalten. Und wo soll denn da ein Problem sein, wenn die Schwulen doch selber drüber lachen? Es scheint wirklich unglaublich, aber so ist es wohl: Wahrscheinlich hat sich Bully Herbig nie die Frage gestellt, ob das wirklich alles so einfach ist. Und die bewundernswerte Fähigkeit Herbigs, sich in diesem Jahrtausend zu bewegen, ohne je auf solche Fragen zu kommen (und wenn sie dann an einen herangereicht werden, einfach zu sagen, der Thomas hat aber gesagt!), das ist wahrscheinlich einer der entscheidenden Gründe dafür, in Deutschland einer der beliebtesten und erfolgreichsten deutschen Regisseure sein zu können.

Am 17. Januar 2016 – also 530 Tage vor der „Ehe für alle" in Deutschland und 205 Tage nach der „Ehe für alle" in den USA – forderte der schwule Blogger Zaunfink eine neue Debatte um das alte „aus der Mode gekommene" Wort „Scham":

Der eigentliche Ursprung des „Gay Prides" sei nicht der Stolz, sondern die Scham:

„Als die Aktivist*innen diesen Begriff [„Gay Pride"] prägten, meinten sie keinen Stolz, den eine besondere Leistung rechtfertigt. Der Begriff diente vielmehr als ein psychologisches Gegengift: Der schwullesbische Stolz sollte die schwullesbische *Scham* heilen."

Nichts torpediere die „tastende Identitätssuche männlicher Pubertierender" erfolgreicher als der Zuruf „Schwuchtel!" Nichts anderes „sei so beschämend, die Botschaft an junge Schwule sei überdeutlich: Schwulsein ist eine Schande. Schäme dich, wenn du so bist!"

Zaunfink:

„Man kann Menschen auf verschiedene Weisen dazu bringen, sich zu schämen. Besonders gut funktioniert es durch Lächerlichmachen. Die eben genannte Beschimpfung als „Schwuchtel" beruht sehr stark auf diesem Aspekt. Die verbale Beleidigung wird dabei gern begleitet von kleinen parodistischen Aufführungen mit verstellter hoher Stimme oder affektierten Gesten: Das alles soll zeigen, dass Schwulsein etwas Lächerliches ist, dass Schwule keine respektablen Männer, sondern Witzfiguren sind. Unzählige Schwulenwitze, in denen die Pointe nicht auf verblüffenden Wendungen beruht, sondern in denen

Homosexualität *an sich* die Pointe ist, tragen dieselbe Botschaft weiter.

Auch in den Medien tauchen schwule und andere queere Rollen immer wieder als betont lächerliche Figuren auf. Bereits 1973 erklärte die US-amerikanische *Gay Activist Alliance* in ihren Richtlinien für Hollywood-Produktionen an allererster Stelle: ‚Homosexualität ist nicht witzig.'"

Dabei geht es natürlich nicht darum, ob man über Homosexuelle lachen darf. Natürlich darf man, soll man, muss man. Und natürlich kann Humor nicht gerecht sein, er muss inkorrekt sein, überzeichnen, Klischees strapazieren. Da es keine Spaßpolizei gibt, gibt es auch keine festen Grenzen und Regeln. Aber Homophobie bleibt Homophobie, auch wenn sie lustig ist. Und ob Lustiges homophob ist, ist spätestens dann eindeutig, wenn damit eine Abwertung verbunden ist. Auch wenn man ihn mag, wenn man ihn wie Bully charmant findet, den dummen Homo. Wenn es der dumme Homo ist, wenn er dumm ist, weil er Homo ist: Dann ist es Homophobie.

Ist es so schwer, den Unterschied zwischen „über etwas lachen können" und „etwas lächerlich machen" zu verstehen? Wenn sich deutsche Unterhaltungskünstler einen Ruck geben könnten, aus den Fünfzigerjahren herauszuhüpfen, es könnte nicht nur den Homosexuellen (insbesondere den immer noch zum Mitlachen verdammten homosexuellen, queeren Kids) besser gehen, sondern auch der deutschen Unterhaltungskunst.

Man kann sich das nur mit der Theorie parallel existierender Universen erklären, dass das Jahr 2001, das in Deutschland Herbigs lustige Schwuchteln ins Kino brachte, auch das war, in dem in England der Siegeszug der genialen Comedyserie *Little Britain* begann. Beides sollte für ein Jahrzehnt nicht nur für die Humorkultur des jeweiligen Landes prägend sein. Beide Formate zeigen nicht nur den Unterschied zwischen einem Land, das über sich lachen kann, und einem, das andere zum Auslachen braucht. Es ist auch der Unterschied zwischen jenem Land, das nach diesem Jahrzehnt gewillt ist, endlich gleiche Rechte für alle zu schaffen, und jenem, das nicht im Traum daran denkt. In *Little Britain* hatten es nicht nur die Homos, sondern wirklich alle nur denkbaren Minderheiten übel abbekommen. Aber die dortigen Schwulen hatten als Charaktereigenschaft eben nicht nur schwul. Worüber man lachte, war die Exzentrik aller Figuren. Die Serie illustrierte eine Waffengleichheit der Diskriminierten mit ihren Diskriminierern, wobei am Ende es eben die Homophobie, der Sexismus und der Rassismus waren, was der Lächerlichkeit preisgegeben wurde.

Jürgen von der Lippe – man möchte sagen: ausgerechnet Jürgen von der Lippe – war der Mittelpunkt von *Deutschland ist schön*, einem Fernsehformat, mit dem man in Deutschland dachte, auch so etwas, wie *Little Britain* zutrauen zu können. Es wurde ein Format, das selbstredend floppte. Natürlich waren nicht die Macher schuld, wie der Regisseur und Co-Autor in einem Kommentar auf der Internetseite *Das Fernsehlexikon* erklärte:

„Wir haben Szenen, wie ich sie in den letzten zwölf Jahren selten inszenieren und schreiben durfte, mit engagierten Schauspielern, einem fantastischen Team, einem Sender, der uns jede Rückendeckung gab, obwohl alle wussten, dass wir etwas anderes machen. Und dann kommt der Zuschauer, für den wir das alles machten, und der nimmt nicht mal ein bisschen wahr, dass es etwas anderes ist. Die Hürde der negativen Erwartungshaltung ist inzwischen so hoch, dass ich beim besten Willen nicht mehr weiß, wie man sie überwinden soll."

Die Hürde der negativen Erwartungshaltungen hätte man ja vielleicht schon einmal damit überspringen können, indem man als zentrale Figur eines Formates, das sich nach *Little Britain* streckt, nicht jemanden besetzt, der so ziemlich das Gegenteil all dessen verkörpert, was *Little Britain* ausmacht. Als die *BILD*-Zeitung 2015 (!) anlässlich des 25. Jahrestages der Deutschen Einheit 25 Comedians ihre Top(!)-Witz erzählen lässt, endet der von Jürgen von der Lippe, in dem ein Einbrecher nach 15 Jahren Knast einen Mann und eine Frau im Bett überrascht und dann beide fesselt, damit, dass der sich dann der Frau annähert. Doch nicht, um sie zu küssen, sondern, wie die Frau sagt: „Er hat mir ins Ohr geflüstert, er wäre schwul und er fände dich sehr süß. Er hat mich nach Vaseline gefragt und ich habe ihm gesagt, dass wir welche im Bad haben. Sei stark, mein Schatz, ich liebe dich auch!"

Analverkehr, und das wird in Deutschland wohl noch viele Jahre so bleiben, ist der deutsche Witz an sich. Auch, dass der Lieblingswitz von Jürgen von der Lippe, den dieser den Deutschen zum 25. Jahrestag ihrer Einheit schenken möchte, einer ist, dessen Witzigkeit auf schwulem Sex als Vergewaltigung beruht, sagt mehr über Lippe und sein Publikum aus als über die Höhe deren humoristischer Erwartungshaltungshürde. Der Schwule als triebgesteuerte Bestie. Oder, wie die Prinzen so gerne singen: Der Schwule als deppertes Tier.

„Mein Hund ist schwul, die dumme Sau
er macht nicht kläff, er macht nur wau
er ist als Pudel ein Ästhet
dem öfter mal die Nudel steht
was meistens nur im Rudel geht

Etwas and'res als ein Rüde
Kommt bei ihm nicht vor die Tüte
Manchmal lädt er seinen Freund ein
Am liebsten würden sie zu neunt sein
Die Hütte ist ein Sündenpfuhl
Es tut mir leid – mein Hund ist schwul

Mein Hund ist schwul, die dumme Sau
Er macht nicht kläff, er macht nur wau
An schlechten Tagen dacht' ich schon
An öffentliche Kastration
But I can't get no satisfaction."

Kastration, fällt einem da ein, wäre nicht nur bei der lustigen Geschichte der *Prinzen*, sondern auch bei der um von der Lippes Einbrecher eine vernünftige Lösung gewesen. Die Pointe ist bei näherer Betrachtung die gleiche. *Die Prinzen* finden übrigens bis in die jüngste Zeit nichts dabei, „Mein Hund ist schwul" öffentlich aufzuführen. Das ist insofern kein Problem, da Sebastian Krumbiegel, die Hauptstimme der Band, ja nicht homophob ist. Wie auch? Wie er auf seiner Homepage schreiben lässt, wurde ihm für sein „jahrzehntelanges gesellschaftliches, demokratisches und soziales Engagement" das Bundesverdienstkreuz durch den Bundespräsidenten verliehen. Hinter dieser Nachricht listet er die Vereine und Institutionen auf, für die er sich engagiert. Das sind u.a. Organisationen wie „Leipzig Courage Zeigen e.V.", „Lokaler Aktionsplan Leipzig (LAP)", „Flüchtlingsrat Leipzig e.V.", „Bündnis Dresden Nazifrei", „Laut Gegen Nazis e.V.", „Gesicht zeigen" und die „Aktion Zivilcourage Pirna".

Im März 2013 war er Testimonial einer Plakatkampagne von „Gesicht zeigen" . Der Berliner *Tagesspiegel* schrieb: „Auf den Plakaten sind neben dem Regierenden Bürgermeister Klaus Wowereit Prominente wie Paul van Dyk, Ulrich Wickert oder Kurt Krömer zu sehen. Neben ihren Gesichtern steht zum Beispiel ‚Ich bin schwul – wenn du was gegen Schwule hast'".

Jahrelang einen der homophobsten deutschen Popsongs zum Besten zu geben und gleichzeitig ein Vorkämpfer gegen Homophobie zu sein, das ist in Deutschland ja kein Widerspruch!

Genau so ist es möglich, homophobe Steinzeitklassikerwitzchen zum Besten zu geben und trotzdem von der Jury des Kulturpreises Deutsche Sprache bescheinigt zu bekommen:

„Dieter Nuhr macht intelligentes Kabarett. Seine Stücke sind wortgewandt, die Pointen treffsicher. Aber er achtet nicht nur sorgfältig auf die sprachliche Qualität dessen, was er sagt: er bringt seinem Publikum auch Sprachkritik nahe und regt es an, über die Wirkung von Sprache nachzudenken."

Wir sind also bei Dieter Nuhr. Auch er hat natürlich nichts gegen Homosexuelle. Aber.

Kurz zuvor nur dies: Es geht in Deutschland auch anders. Dass nicht nur über die vermeintliche Lächerlichkeit der Homosexuellen gelacht werden kann, sondern über die reale der Homophobiker, hat zum Beispiel die *heute-show* bewiesen. Die wöchentliche Sendung mit Oliver Welke hat es ab 2009 immer wieder geschafft, das Abstruse, Widersprüchliche und Skurrile an homophober Meinungsmache aufzuzeigen. Und oft sehr witzig, und sogar erfolgreich.

Nollendorfblog vom 8. April 2014
Noch 1179 Tage bis zur „Ehe für alle"

„Dieter Nuhr [spricht] aus, was andere nicht mal zu denken wagen, und traut sich in den Kosmos der menschlichen Psyche", heißt es in einer Beschreibung eines Programms des Kabarettisten Dieter Nuhr.

Soso, Dieter Nuhr traut sich was, sagt man. Aber was? Man sagt ja auch, Dieter Nuhr kann was. Was könnte das wohl sein?

„Politische Peinlichkeiten, Skandale, der Irrwitz des Alltags", so beschreibt die ARD ihre Satiresendung mit Dieter Nuhr: „Dieter Nuhr lässt sich nichts entgehen, was er humorvoll sezieren oder mit beißend scharfen Worten kommentieren kann."

Na gut. Aber wenn das wirklich so ist, dann habe ich das Konzept dieser Sendung nicht verstanden. Bei der Folge, die eben ausgestrahlt wurde, habe ich schon beim Stand-up-Part am Anfang den Faden verloren. Er redete über die Homophobie in Russland.

Aber unter welcher Rubrik? Als „politische Peinlichkeit und Skandal", möchte man meinen, also das, was Nuhr laut Formatbeschreibung „humorvoll sezieren oder mit beißend scharfen Worten kommentieren kann"?

Ich habe mir dann die Szene noch einmal angeschaut.

Nein, das waren keine Witze über Homophobie. Der Ritt durch das Thema Homohass in Russland diente nur dazu, möglichst viele Schwulenwitze für die Rubrik „Irrwitz des Alltags" einzusammeln.

Also ein Programm über den „Irrwitz Homosexualität"? Homophobie getarnt als Kritik an der Homophobie? Mainz bleibt Mainz getarnt als Satiresendung?

Aber das ist unmöglich. Denn es ist ja eine politische Satiresendung. Im Jahr 2014. In der ARD.

Aber was ist dann bitte das?:

(Dieter Nuhrs Stand-up im Satiregipfel vom 7. April 2014)

„… Da gab es letztlich dieses Interview mit einem russischen Soldaten. ‚Wir wollen nicht in dieses Schwulen-Europa, wo uns die Schwulenehe aufgezwungen wird. Ich will nicht, dass meine Kinder schwul und lesbisch werden', hat er gesagt.

Liebe Russen, man wird im Westen nicht automatisch schwul. Es wird auch nicht jeder Bischof von Limburg."

Applaus, befreites Lachen.

„Dafür ist die Bude von denen dann doch nicht groß genug. Jedenfalls ist der Russe nicht schwul offenbar. Wobei Putin ja gerne mit nacktem Oberkörper aufm Pferd …"

Im Hintergrund das Bild von Putin mit nacktem Oberkörper auf dem Pferd. Ja, genau, das Foto, das bei diesem Gag immer gezeigt wird. Für das Live-Publikum aber immer noch für einen Lacher gut.

„… mit erigierten Brustwarzen …"

Nuhr greift an seine linke Brustwarze.

„Pang! Hahaha!"

Nuhr macht auf Tunte.

„Prinzessin Phhuhhhtiehn, ha ha."

Allgemeines Lachen über die Tunte.

„Die größten Schwulenfeinde haben ja selber Popoträume ..."

Und Erwin fasst der Heidi von hinten an die Schulter ...

„... dann haben sie Schuldgefühle. Und dann projizieren sie ihre Autoaggressionen auf die anderen Schwulen. Und dann stehen sie in der Kaserne in der Gemeinschaftsdusche mit den ..."

Fasst sich zwinkernd an die Augen.

„... Kameraden ..."

„Kameraden" in Anführungszeichen. Denn es sind ja keine richtigen Kameraden, weil es keine richtigen Männer sind, denn schließlich sind sie ja schwul!

Lachen mit Tusch, nur ohne Tusch.

„...und hoffen, dass einer die Seife fallen lässt."

Kurz gegoogelt: „Schwul Seife Dusche". 623.000 Ergebnisse in 0,42 Sekunden. Ich versuche, dem Geheimnis Nuhr auf die Schliche zu kommen.

Noch mal googeln: „Dieter Nuhr, Intelligenz". Topergebnis: „Dieter Nuhr zeigt der Öffentlichkeit, dass man Intelligenz nicht verstecken muss, sondern vielmehr stolz darauf sein kann."

„Und der Russe fürchtet, wir wollen die Russen schwul machen. Aber, liebe Russen! Die Homo-Ehe ist nicht Pflicht bei uns. Die Kinder kommen auch bei uns nicht hinten bei den Männern raus. Das ist so nicht im Westen. [...] Schwulsein kommt ja übrigens im Tierreich viel öfter vor, als man glaubt, nicht ... Es gibt schwule Pinguine, ehrlich, kein Scherz ..."

Kein Scherz. Aber im Hintergrund ist jetzt ein Foto mit Pinguinen zu sehen, die teilweise rosa Schals tragen. Pinguine mit rosa Schals! Schwule Pinguine! Im Publikum kommt große Freude auf.

„... schwule Grauwale, schwule Schimpansen, die machen es den ganzen Tag."

„Machen es den ganzen Tag" = Schwule!

„Bei den Zwergkakadus sind 40 Prozent schwul, je kleiner, je besser ..."

„Je kleiner, desto besser". Wird mit einem hintergründigen „Hohoho" belohnt.

„... 80 Prozent der Zwergschimpansen sind bisexuell, da geht es zu wie bei den Wollersheims ..."

Wollersheims? Den Gag hatte ich nicht kapiert. Aber ich glaube jetzt, das Prinzip verstanden zu haben, das Dieter Nuhr anwendet, um seine Intelligenz in der Öffentlichkeit zu zeigen. Also gehe ich einfach davon aus, dass nicht nur Schwule, sondern auch Bisexuelle sich dadurch auszeichnen, dass sie dauernd am Vögeln sind. Wieder kurz gegoogelt: „Bert Wollersheim ist ein deutscher Bordellbetreiber."

„... Wahnsinn, nur Schnecken, Schnecken sind nicht schwul, denn Schnecken sind im Grunde zweigeschlechtlich, also Männer und Frauen zugleich, was es ja auch bei Menschen gibt, aber mehr auf Ibiza.

Unser erster Künstler ist übrigens heterosexuell. Ingo Appelt."

Ingo Appelt kommt auf die Bühne. Er fällt sofort angenehm auf für etwas, was er nicht macht: billige Schwulenwitze. Und es fällt auch auf, warum er sie nicht macht, warum er Dieter Nuhrs Steilvorlage einfach ignoriert:

Weil Ingolf Appelt etwas kann.

Aber was kann Nuhr? Missverstehe ich Dieter Nuhr? Oder ist Dieter Nuhr ein großes Missverständnis?

Noch mal das Konzept der Sendung:

„Dieter Nuhr lässt sich nichts entgehen ..."

Okay, einverstanden. Schnell nachgezählt: In den wenigen Minuten, in denen er so tut, als ob er die Russen wegen ihrer Homophobie auslachen würde, um die Homos auszulachen, hat er sieben Gags gerissen, die darauf beruhen, dass schwuler Sex lustig ist, fünf über Analverkehr, drei Lacher hat er sich über die Lächerlichkeit von Tunten abgeholt und einen darüber, dass auch Bisexuelle dauernd Sex haben.

Nein, er nimmt alles mit, Nuhr lässt sich wirklich nichts entgehen. Natürlich auch nicht den neuen Friedhof für Lesben in Berlin, über den ja in den letzten Tagen allerorts bereits herzlich gelacht werden durfte.

„... was er humorvoll sezieren oder mit beißend scharfen Worten kommentieren kann."

Vielleicht kann er das ja wirklich. Aber warum macht er es dann nicht? Im Satiregipfel jedenfalls entscheidet er sich gegen das Sezieren und für das Holzhammern und dafür, alle Lesbenfriedhof-Witze der letzten Tage einfach nachzuerzählen.

Schreibt Nuhr das alles selbst? Legen sie ihm das Leserforum der *BILD*-Zeitung auf den Teleprompter?

„Dieter Nuhr [spricht] aus, was andere nicht mal zu denken wagen ..."

Was wagt Dieter Nuhr?

Seine Büttenrede zum Lesbenfriedhof lässt er mit einem Applaus enden, den er mit der Frage erzeugt:

„Haben wir keine andern Probleme?"

Welche Probleme hat Dieter Nuhr? ■

„ES HÖRT NIE AUF"

„Es war doch nur ein Spaß." So endet der 2017 unter der Regie von Yan England entstandene Spielfilm *01:54* aus Kanada, der dort eine breite Diskussion über das Mobbing von Schülern aufgrund ihrer sexuellen Identität auslöste. Im Mittelpunkt steht der 16-jährige Tim, der einer der besten Läufer der Schule ist, und zusammen mit seinem besten Freund Francis an ausgefallenen Chemie-Experimenten bastelt.

Der Film zeigt anschaulich, warum auch heute noch Selbstmordgedanken und Selbstmordrate unter LGBTI*-Jugendlichen viel höher ist als die ihrer heterosexuellen Altersgenossen. Der Film zeigt auch, dass nicht nur die in den Selbstmord getrieben werden, die schwach und leichte Beute sind, weil sie den heteronormativen Geschlechterklischees nicht entsprechen. Im Film wird deutlich, dass es ausreicht, homosexuell, in diesem Fall, schwul zu sein. Es ist nicht das Verhalten, das provoziert, es ist das Konzept des Schwulseins, das die Mitschüler im Kopf haben. Und es ist nicht vor allem rohe Gewalt, die sie einsetzen, sondern Spaß.

Am Anfang des Films sitzen Tim und Francis zusammen beim Mittagessen in der Schulkantine, um ein neues Experiment zu planen. Tim wird am Hals von einer Bulette getroffen, die ihm der Mitschüler Jeff von ein paar Tischen weiter aus mit Ansage entgegengeschleudert hat: „Experiment 103. Eine Bulette und ein Gesicht. Was ergibt das?" Als Tim wütend aufsteht, ruft ihm Jeff lachend entgegen: „Ist doch nur Spaß." Die Späße werden immer rabiater, sie führen schließlich dazu, dass Francis sich outet, doch dadurch wird er nicht in Ruhe gelassen, im Gegenteil. Tim, der in Francis verliebt ist, traut sich nicht, ihm das zu gestehen, er wirft Francis sogar vor, dass durch dessen Coming-out nun alle auch ihn für schwul halten können.

Schließlich sieht Tim, wie Francis auf einer Brücke steht, er ist kurz davor zu springen. Tim will ihn aufhalten, versucht verzweifelt zu ihm zu laufen. Er schreit ihn an.

- Francis, tu das nicht!
- Hau ab!
- Komm runter.
- Lass mich in Ruhe.
- Komm runter.
- Das hört nie auf.
- Das bringt doch nichts, tu das nicht. Verdammt, komm runter, Francis.
- Ich liebe dich.
- *Nein!*

Francis ist gesprungen. Und er sollte recht behalten: Es hört nie auf.

Tim hat einen Plan, wie er Francis rächen und sich selbst in Zukunft wehren kann. Doch die Homophobie um ihn herum ist wie eine Schlinge, die sich immer weiter zuzieht, egal, was er tut. Die Sprüche, die er im Internet über sich lesen muss, sind ungefähr die gleichen, die Raab zu Hitzlsperger eingefallen sind. Zum ersten Mal schlägt er zurück, als ihm sein Widersacher „Los, meine kleine Prinzessin" entgegenruft, als er für den Wettkampf zu trainieren beginnt. „Nenn mich nicht noch mal Prinzessin", warnt er Jeff. Und der wieder: „Das war doch nur ein Spaß."

01:54 ist einer der jüngsten Filme, der die Widerstände gegen die gleichgeschlechtliche Liebe anprangert. Der Film *Anders als die anderen* von Richard Oswald unter der Mitwirkung des Sexualwissenschaftlers Magnus Hirschfeld ist der älteste. Er erstand in Berlin im Jahr 1919, knapp hundert Jahre vor dem Werk Yan Englands, und doch gibt es frappierende Ähnlichkeiten. In beiden scheint es keinen anderen Ausweg als den Tod zu geben, aber die deutlichste Parallele ist eine andere: In beiden Geschichten stehen Protagonisten mit besonderen Fähigkeiten und Leidenschaften im Zentrum. Im kanadischen Film ist es der Ausnahme-Sportler, im deutschen der Ausnahme-Musiker. In beiden Geschichten findet eine Erpressung statt, die nach identischer Ansage funktioniert: Wenn du mir nicht gibst, was ich will, werde ich deine Homosexualität öffentlich machen. Und damit das, was dir wichtig ist, also deinen Sport, deine Musik zerstören.

Homosexualität ist ein Erpressungsgrund. Das ist die eigentliche Gewalt, die von Homophobie ausgeht: Sie erpresst, sie korrumpiert, sie verunsichert, sie zerstört. Und auch wenn sich in den letzten hundert Jahren seit *Anders als die anderen* Entscheidendes (zumindest in den westlichen Ländern) geändert hat und es dort keine Verfolgung und keine Bestrafung mehr gibt, und wenn in Ländern wie Kanada und Deutschland jetzt auch geheiratet werden darf: Die Erpressung funktioniert immer noch, hunderttausendfach.

Ich finde es immer etwas unglücklich, in Sachen Homophobie mit den Studien zu argumentieren, die das deutlich erhöhte Suizidrisiko von LGTBI*-Jugendlichen belegen, und deswegen tue ich es auch erst am Ende des Buches im Zusammenhang mit *01:54*. Das Argumentieren mit diesen Studien suggeriert, dass es solche Beweise dafür braucht, um zu erklären, wie problematisch das gesellschaftliche Bild Homosexueller immer noch ist. Aber genau so ist es tatsächlich leider viel zu oft: das Problem, das die Gesellschaft auch heute noch Homosexuellen macht, wird oft erst dann als ein solches akzeptiert, wenn es zu den schlimmstmöglichen Konsequenzen führt.

Dabei ist Homophobie in Deutschland Alltag und zwar fast überall. Drei Viertel der LGTBI*-Beschäftigten in Deutschland haben nach einer Studie der Antidiskriminierungsstelle des Bundes aus dem Jahr 2017 Diskriminierung am Arbeitsplatz erlebt. Positiv vermeldet die Studie, dass mittlerweile inzwischen jeder Dritte mit den Kollegen offen über die eigene sexuelle Identität spricht. Was aber auch bedeutet: Während es für Heteros keinerlei Grund gibt, ihre sexuelle Identität nicht zu offenbaren und sich kein Hetero deshalb die Mühe macht, dies nicht zu tun, denken die allermeisten Homosexuellen in Deutschland, dass es besser ist, sich zu verstecken. Immer noch wird in Deutschland so getan, als ob über seine sexuelle Identität zu reden, bedeute, über Sex zu reden. Immer noch soll das, was bei den Heteros selbstverständlich öffentlich ist, bei Homosexuellen eine Privatsache sein.

Wenn man die Tatsache, dass nur ein Drittel der LGTBI*-Beschäftigten „out" am Arbeitsplatz ist, mit der Annahme verbindet, dass es mittlerweile große Arbeitsbereiche gibt, in denen man sich weniger oder gar nicht verstecken muss, kommt man zu dem Schluss, dass es enorme Berufssegmente und -ebenen geben muss, in denen „out" nach wie vor ein riesiges Problem darstellt. Egal, ob das nun dazu führt, dass LGTBI* diese Berufe oder Firmen meiden, oder, wenn sie dort sind, ein Coming-out als nicht vorstellbar betrachten, bedeutet das nicht nur eine massive Einschränkung für die Entfaltungsmöglichkeiten unzähliger Menschen, sondern auch für die Entfaltungsmöglichkeiten entsprechender Berufe und Firmen.

Erpressbarkeit bedeutetet nicht, erpresst zu werden, sondern das Bewusstsein, dass man es werden könnte. Erpressbarkeit ist eine unmerkliche Maßregelung, ein unmerklicher Freiheitsentzug. Es geht gar nicht um die reale Gefahr, dass da jemand seinen Wissensvorteil gegen einen selbst ausspielen könnte, sondern allein schon das Nachdenken darüber, ob es so sein könnte, wie es denn wäre.

Und dann gibt es neben dem Verweis auf die Suizidstudien eben auch das andere Beispiel, das der Nichtexistenz geouteter Profi-Fußballer, das doch eigentlich wachrütteln müsste. Denn es geht ja nicht nur darum, dass es von den aktiven, meist männlichen deutschen 1500 Fußballprofis kein einziger gewagt hat, öffentlich schwul zu leben, sondern auch um die vielen anderen unter den rund drei Millionen aktiven Fußballspielern, die von einer Profikarriere träumen oder irgendwann einmal geträumt haben. Wie viele mögen das nur sein? Wie viele entscheiden sich dann gegen den Spitzenjob, weil damit dann auch eine gesellschaftliche Verpflichtung verbunden wäre, den Partner zu präsentieren? Ich bin mir sicher: fast jede Lesbe, fast jeder Schwule trifft auch heute noch Entscheidungen, die sie so nicht treffen würden, wenn die Frage der sexuellen Identität eine neutrale oder inexistente wäre. Das muss nicht nur aus Angst sein, sondern auch, weil man es mühsam findet, sich mit den Konsequenzen herumzuschlagen: „Das tu ich mir nicht an." Oder auch aus Trotz: „Das hab ich nicht nötig." Es mögen Entscheidungen sein, die einem das Leben erleichtern, verbessern, aber es bleiben Entscheidungen, die aus einer Unfreiheit entstehen, die es nicht geben müsste. Und nur weil die meisten Lesben und Schwulen in den westlichen Ländern heute ein Leben leben, bei dem das kein Thema ist, ein Leben, in dem sie glücklich und ohne nennenswerte Widerstände leben und lieben können, so bedeutet Erpressbarkeit doch auch, dass sich das jederzeit ändern kann.

Vielleicht sind die wenigen Jahrzehnte relativer homosexueller Freiheiten der Anfang einer fortschreitenden, sich immer weiter verbessernden Entwicklung und in wenigen Jahrzehnten wird man sich nicht mehr vorstellen können, dass es einmal anders war. Dafür spricht sehr viel. Allerdings hat dafür auch 1919 sehr viel gesprochen. Die Macher von *Anders als die anderen* verbanden mit ihrem Film tatsächlich die nicht ganz unberechtigte Hoffnung, zur baldigen Abschaffung des Paragrafen 175 beitragen zu können. In der Diskussion ging es also nicht um Entschärfungen wie ein halbes Jahrhundert später unter Bundeskanzler Schmidt, sondern um die Beseitigung. Der Film erhielt neben viel Ablehnung auch große Zustimmung und Aufmerksamkeit. In der zweiten Vorführung war sogar Minister Gustav Stresemann anwesend, wie Helga Belach und Wolfgang Jacobsen in ihrem Kapitel im CineGraph-Buch über Regisseur Richard Oswald berichten. Sie verweisen auf das von Hirschfelds wissenschaftlich-humanitärem Komitee herausgegebene *Jahrbuch für sexuelle Zwischenstufen*, in dem zahlreiche Kritiken zum Film, aber auch Berichte Betroffener abgedruckt sind, „die man lesen kann als Dokumente einer Öffentlichkeit, die erst 1970, mit Rosa von Praunheims *Nicht der Homosexuelle ist pervers, sondern die Situation in die er lebt*, wiederhergestellt wurde."

Es hat also ziemlich genau 50 Jahre gedauert, bis die Situation Homosexueller in Deutschland wieder Thema werden konnte. Und wieder ziemlich genau 50 Jahre später findet in Kanada eine Aufarbeitung statt. Nicht nur durch den *01:54*-Film, sondern auch durch Premierminister Justin Trudeau, der sich in einer emotionalen Rede vor dem Parlament in Ottawa für die jahrzehntelange Diskriminierung von LGTBI* entschuldigt. Schwule und Lesben wurden nach dem zweiten Weltkrieg systematisch aus dem Staatsdienst gedrängt, weil man deren Erpressbarkeit durch die UdSSR befürchtete. Dies führte zu Polizeilisten mit den Namen Tausender mutmaßlicher Homosexueller sowie erniedrigenden Verfahren, mit denen man versuchte, Homosexuelle zu „überführen". Unter Tränen kündigte Trudeau an: „Im Namen der Regierung, des Parlaments und des kanadischen Volkes: Wir haben Fehler gemacht. Es tut uns leid. Wir werden niemals zulassen, dass so etwas noch einmal passiert."

Kanadas Umgang mit Homosexuellen war hart, doch kein Vergleich zu dem, was in Deutschland passierte. Und doch erscheint in Deutschland eine entsprechende Auseinandersetzung nicht vorstellbar. Weder was die Verfolgung bis in die jüngste Geschichte noch was die alltägliche Diskriminierung wie etwa das Mobbing von Jugendlichen betrifft.

Der Kanadische Premierminister findet es wichtig, eine Art Schwur zu leisten, dass sich das Geschehene nicht wiederholt. Die Deutschen scheinen sich sicher zu sein, dass es sich nicht wiederholt. Ausgerechnet wir Deutschen.

Ein paar Wochen vor der Rede Trudeaus, am 9. Oktober 2017, erhält der 99-jährige Wolfgang Lauinger in Frankfurt am Main Post vom Bundesamt der Justiz. Der Sohn eines jüdischen Vaters war von den Nazis verhaftet worden, weil er Mitglied einer rebellischen Swingjugendgruppe war. In der frühen Adenauer-Zeit saß er dann aufgrund des Paragrafen 175 mehrere Monate in Untersuchungshaft, auch mit Hilfe alter Gestapo-Akten, wie er später sagt. Er war mit ca. 100 anderen Männern Opfer einer großangelegten, systematischen Homosexuellenverfolgung. Im Alter wurde Lauinger zum Aktivisten, er setzte sich für das Gesetz zur Rehabilitierung und Entschädigung ein und engagierte sich an Schulen und sprach dort über seine Homosexualität.

Für seinen Einsatz erhält er das Bundesverdienstkreuz. Auf seine eigene Entschädigung als Zeichen des Staates für das ihm widerfahrene Unrecht aufgrund des Paragrafen 175 wartet er über ein halbes Jahrhundert.

Der Bescheid des Bundesamtes der Justiz ist für ihn ein Schock: „Nach sorgfältiger und umfassender Prüfung teile ich Ihnen mit, dass eine Entschädigung nach § 5 StrReha-HomG in Ihrem Fall nicht vorgenommen werden kann." Die Begründung kann nicht perfider sein: Weil er nach der Untersuchungshaft nicht verurteilt worden ist, fällt er nicht unter die Entschädigungsregelung.

Es ist eine Gesetzeslücke, für die niemand schuld sein möchte, die es aber deshalb gibt, weil sich dieser Staat offensichtlich nicht ohne eine Restdiskriminierung Homosexueller vorstellen kann.

Lauingers fast hundertjährige Lebensspanne umfasst fast genau die Zeit, die seit *Anders als die anderen* vergangen ist. Als er geboren wird, haben homosexuelle Aktivisten die Hoffnung, dass der Paragraf 175 bald Geschichte ist. Als Lauinger stirbt, ist er es für ihn immer noch nicht. Bis auf wenige Ausnahmen fanden deutsche Medien die Geschichte um Lauinger und seinen Tod ohne die erhoffte Entschädigung keine Meldung wert. Die Deutschen scheinen im Reinen mit sich und ihren Homosexuellen. Die Deutschen machen über Homosexuelle gerne Witze, die sie in den 1950ern auch gerne gemacht haben.

Im *01:54*-Film berichten die Lehrer auf einer Versammlung Francis' Mitschülern von dessen Selbstmord. Doch eine Lehrerin macht ihnen klar, dass keiner Konsequenzen zu befürchten hat: „Wir sind nicht hier, um einen Schuldigen zu finden, sondern um zu verstehen, wie es dazu gekommen ist."

Das ist der Moment, in dem der Film nach Francis' Tod eine Wende hätte nehmen können, in dem die finale Katastrophe vielleicht hätte verhindert werden können. „Alles Heuchler", sagt Tim und läuft davon.

Kann man verstehen, wie es dazu gekommen ist? Kann man verstehen, wie es zu so etwas kommt, ohne die Schuldigen zu benennen?

Ich glaube, nein.

NAMENSREGISTER

A
Adenauer, Konrad 34, 181
Altenbockum, Jasper von 72, 73, 74
Appelt, Ingo 173

B
Barley, Katarina 62
Baumann, Birgit 43
Beck, Volker 40, 41, 42, 43, 44, 45, 46, 47, 48, 49, 50, 53, 54, 55, 62
Belach, Helga 180
Benedikt XVI., Papst 67, 68, 70, 71
Beyme, Alexander von 74
Brandt, Willy 35
Bruns, Manfred 40
Büning, Eleonore 81, 82, 83, 84, 85, 89, 90

C-D
Cantz, Guido 150
Deppendorf, Ulrich 71
Diakovska, Lucy 125

E
Emcke, Carolin 102
England, Yan 175, 177
Eribon, Didier 144

F
Feddersen, Jan 41
Freeman, Morgan 12
Furtwängler, Maria 147, 148, 152

G
Gabriel, Sigmar 61, 62, 63, 64, 65
Garland, Judy 35
Gauck, Joachim 101

H
Haneke, Michael 12
Herbig, Michael „Bully" 160, 161, 163, 165
Hermanns, Thomas 163
Hirschfeld, Magnus 177, 180
Hitzlsperger, Thomas 156
Höbel, Wolfgang 161

I-J
Iveri, Tamar 82, 88, 89
Jacobsen, Wolfgang 180
Janson, Uwe 149
Jolie, Angelina 56
Jones, Tommy Lee 58
Juchacz, Marie 65

K

Kallmeyer, Jörg 43
Kaminer, Wladimir 123
Kelle, Birgit 78, 79
Kerkeling, Hape 110
Kister, Kurt 43
Klaum, Ulli 128
Kleber, Claus 147
Kohl, Helmut 141, 160
Kramp-Karrenbauer, Annegret 142, 143
Kraushaar, Elmar 128, 129, 131
Kretschmann, Winfried 53
Kretschmer, Guido Maria 110
Kreuzpaintner, Marco 134
Krumbiegel, Sebastian 168
Kushner, Tony 60

L

Lambsdorff, Otto Graf 41
Lauinger, Wolfgang 181, 182
Lehming, Malte 43
Lengsfeld, Vera 43
Lincoln, Abraham 58
Linke, Christine 147
Lippe, Jürgen von der 166, 167
Lohmann, Martin 125
Lohre, Matthias 53

M

Maischberger, Sandra 77, 78, 137, 138, 139
Martenstein, Harald 93, 94, 120, 122, 124, 153, 154
Marusha 36
Matussek, Matthias 79, 80
Medlock, Mark 161
Merkel, Angela 55, 101, 140, 141, 143, 144, 153
Mohr, Reinhard 43
Morgenstern, Ralf 125
Motte, Dr. 124
Müller, Reinhard 76
Mussolini, Benito 34

N

Naidoo, Xavier 149, 150
Nieder-Entgelmeier, Carolin 43
Niggemeier, Stefan 76, 77, 123
Nuhr, Dieter 169, 170, 171, 172, 173, 174

O

Obama, Barack 16, 26, 27
Oesterle-Schwerin, Jutta 40
Oswald, Richard 177, 180

P

Palmer, Boris 50, 51
Parks, Rosa 24
Paulwitz, Michael 43
Pitt, Brad 56
Plasberg, Frank 125, 126, 127, 128, 131

Pocher, Oliver 161, 162
Pohl, Ines 129
Praunheim, Rosa von 180
Prommer, Elizabeth 147
Putin, Wladimir 171

R
Raab, Stefan 156, 157, 158, 161, 176
Rahe, Thomas 33, 34, 36
Reichert, Martin 102
Riekel, Patricia 45
Rosenberg, Marianne 135

S
Sacks, Adriano 102
Sanoussi-Bliss, Pierre 148, 153
Scheel, Cornelia 40
Schmelcher, Antje 74
Schreiber, Thomas 149
Schröder, Gerhard 41
Schulze, Micha 77
Schulz, Martin 55, 62
Schwarzenegger, Arnold 56
Schwarzer, Ali 150, 151

Seidl, Claudius 46, 90
Sinnen, Hella von 40
Sommerfeld, Lili 107
Spielberg, Steven 57
Steeb, Hartmut 78
Stefan-Raab 160
Steinmeier, Frank-Walter 16
Stendel, Sarah 148
Stevens, Thaddeus 58
Storch, Beatrix von 31, 92
Stresemann, Gustav 180

T
Tiede, Peter 46
Tomasi, Silvano M. 70
Trudeau, Justin 181
Trump, Donald 30

W-Z
Wagenknecht, Sahra 61
Wagner, Franz Josef 39
Wahlig, Frank 43
Welke, Oliver 169
Wiedenroth, Petra 74
Zaunfink 164

DANKSAGUNG

Zunächst möchte ich mich bei allen Leserinnen und Lesern meines Blogs bedanken, sie „tragen" das *Nollendorfblog*, ohne das es dieses Buch nicht gäbe. Danke für die Begleitung, das Interesse schon seit so vielen Jahren, das Weiterempfehlen, die vielen Hinweise, die Expertise, den Widerspruch, die Kommentare, Diskussionen, die gemeinsamen Projekte und Freundschaften, die daraus entstanden sind, auch die hauptsächlich oder auch ausschließlich online gepflegten. Wir müssen uns immer bewusst machen, wo wir ohne diese Vernetzung wären, ohne diesen Austausch und diese Fähigkeit, uns über alle möglichen Grenzen hinweg gemeinsam zu engagieren. Besonders bedanken möchte ich mich bei den Unterstützern des Blogs, die durch ihre Abonnements ermöglichen, dass es weiterhin unabhängig, kosten- und werbefrei für alle bleiben kann.

Apropos Unterstützung …

Ich weiß nicht, ob das allen so klar ist, wie wichtig die Arbeit des *queer.de*-Teams um Herausgeber Micha Schulze und Chefredakteur Norbert Blech für die ganze Community ist. Die tägliche Aufarbeitung und Recherche bildet die journalistische Basisversorgung um alles, was mit LGTBI* zu tun hat. Auch die Teile der Szene profitieren von ihr, die *queer.de* nicht selbst nutzen, weil das Portal eine wichtige Wächterfunktion ausübt, sich die dortigen Journalisten bemühen, möglichst viele Entwicklungen und Angriffe, die sich gegen LGTBI* richten, zu dokumentieren und zu analysieren. *Queer.de* existiert hauptsächlich durch die Selbstausbeutung der Beteiligten, immer wieder ist das Überleben der Internetseite gefährdet. Deswegen hier nicht nur der Dank an die Kollegen, sondern auch der Hinweis darauf, wie wichtig es ist, dass *queer.de* möglichst viel finanzielle Unterstützung aus der Community erhält.

Ausgerechnet in einer Zeit des wachsenden Populismus ist besorgniserregend, dass die Anzahl queerer journalistischer Medien schrumpft und auch, dass es queere Themen in einer angemessenen Darstellung in vielen Medien so schwerhaben. Deswegen möchte ich gerade in einem Buch über Homophobie all denen danken, die sich in den verbleibenden queeren Formaten, aber auch anderswo, um Qualität, Sichtbarkeit und Vielfalt bemühen.

Qualität, Sichtbarkeit und Vielfalt sind auch das, für das sich Ilona Bubeck und Jim Baker seit über zwanzig Jahren in der Community durch ihre Arbeit im Querverlag engagieren, in dem auch dieses Buch erscheint. Die Zusammenarbeit mit beiden ist für mich eine große Bereicherung. Danke, dass wir dieses Buch so machen konnten! Zu den Gesprächen mit beiden, besonders aber auch zum Lektorat von Jim möchte ich sagen: Was für ein Luxus bei der Arbeit an einem Sachbuch, dass die Sache, um die es geht, eine gemeinsame ist!

Neben Ilona und Jim waren es beim Entstehen dieses Buches vor allem Alexander von Beyme, Lukas Burian, Luisa Drews, Else Buschheuer, Jan Feddersen, Thomas Hackenberg, Ulli Klaum, Marco Klingberg, Angelo Kram, Florian Ludewig und Alfonso Pantisano, die ich um Rat, Wissen, Widerspruch und Meinung fragen konnte. Danke für eure großartige Unterstützung!

DER AUTOR

Johannes Kram ist Autor, Blogger und Marketingstratege. Sein seit 2016 betriebener *Nollendorfblog* erhielt 2016, der von ihm 2020 gestartete *QUEERKRAM Podcast* 2021 eine Nominierung für den Grimme Online Award. Er war Co-Herausgeber des Medien-Thinktanks VOCER, Kolumnist beim medien- (und *BILD*)-kritischen *BILDblog* und Initiator des Waldschlösschen-Appells gegen Homophobie in den Medien. Die „Charta der Vielfalt" wählte ihn zum Themenbotschafter für den Bereich „Sexuelle Orientierung und Identität". Zusammen mit dem Komponisten Florian Ludewig hat er die *Operette für zwei schwule Tenöre* geschrieben. Sein medienkritisches Monodrama *Seite Eins – Theaterstück für einen Mann und ein Smartphone* wurde bisher in sieben verschiedenen Inszenierungen produziert. Seit 2018 war er der Deutsche Preisträger der Europäischen Tolerantia Awards, 2019 der „Kompassnadel" des Queeren Netzwerks NRW.

Website des Autors und Termine: www.onlinekram.com
Website des Blogs: www.nollendorfblog.de

Editorischer Hinweis: Alle Blog- und Onlinebeiträge wurden gekürzt, teilweise stark. Obwohl versucht wurde, sie sprachlich und inhaltlich möglichst in der ursprünglichen Form zu lassen, gab es aus Gründen der Verständlichkeit aus heutiger Sicht an einzelnen Stellen kleine Ergänzungen, Glättungen, Umformulierungen und das Streichen von Dopplungen.

„Ich hab ja nichts gegen Homosexuelle, aber" müsste dieses Buch eigentlich heißen. Oder ein alternatives Cover haben, auf dem steht:

„Ich hab ja nichts gegen Lesben, aber", denn es geht um Homophobie, also auch um die Abwertung von Lesben.

Der Verlag und ich haben das diskutiert. Aber dann haben wir uns entschieden, es so zu nennen, wie man es eben sagt.

Dass oft „Schwule" sagt, wer „Homosexuelle" meint, zeigt, wie wenig der gesellschaftliche Blick auf Homosexuelle mit homosexueller Realität zu tun hat. Dafür aber ganz viel mit dem Zustand der Gesellschaft.

Auch darum soll es in diesem Buch gehen.